# Книга за готвење "Шушкави деликатеси"

## 100 РЕЦЕПТИ ЗА ТОПЛО ПРИКЛУЧУВАЧКИ ВО УСТА И ВРЕСКИ

Андон Ментешев

Материјал за авторски права ©2023

Сите права се задржани

Ниту еден дел од оваа книга не смее да се користи или пренесе во каква било форма или на кој било начин без соодветна писмена согласност од издавачот и сопственикот на авторските права, освен за кратки цитати што се користат во рецензијата. Оваа книга не треба да се смета за замена за медицински, правни или други професионални совети.

## СОДРЖИНА

СОДРЖИНА ..................................................................... 3
ВОВЕД ............................................................................... 7
СТАРТЕРИ ........................................................................ 8
   1. Сизлер Тост со лук-сирење .................................... 9
   2. С'море од пиперка на скара .................................. 11
   3. На скара кругчиња домати и сирење ................... 13
   4. Кајун бамја и пченка на скара ............................... 15
   5. Сизлерс за сирење .................................................. 17
   6. Sizzler Cheese Toast Copycat ................................. 19
САЛАТИ И СТРАНИ ...................................................... 21
   7. Пиперки на дрво ..................................................... 22
   8. Аспарагус завиткан со шунка од Парма .............. 24
   9. Топла и зачинета облекување ............................... 26
   10. Сизлер од компири ............................................... 28
   11. Сизлер спанаќ ....................................................... 31
   12. Зачинета салата од грав ....................................... 33
   13. Печен карфиол и брокула .................................... 35
   14. Поперс од наут ..................................................... 37
   15. Салата од мама со никне ..................................... 39
   16. Салата од домати, краставици и кромид ........... 41
   17. Улица Попер салата од наут ............................... 43
   18. Улична салата од пченка ..................................... 45
   19. Крцкава салата од морков ................................... 47
   20. Калинка Чаат ........................................................ 49
   21. Овошна салата Масала ........................................ 51
   22. Салата од портокал ............................................. 53

23. Градинарска салата на скара .................................................. 55
24. Аспарагус и домати на скара ................................................. 57
25. Карипска салата на скара од чили .......................................... 59
26. Салата од рукола и зеленчук на скара ................................... 62
27. Салата од јагнешко и лима грав на скара ............................. 64
28. Салата од авокадо и ориз ....................................................... 67
29. Кафеав ориз и зеленчук на скара ........................................... 69
30. Салата од манго од јаболка со пилешко на скара ............... 72
31. Салата од пилешко на скара и наут ...................................... 75

## VEGAN SIZZLERS ............................................................................ 78
32. Крцкав тофу со сос од капер ................................................. 79
33. Темпех на скара ...................................................................... 81
34. Тофу на скара со глазура од Тамаринд ................................. 83
35. Сок од портокал Мариниран тофу во ражен ........................ 85
36. Кафе тофу на скара ................................................................. 87
37. Тофу од соја на скара .............................................................. 89
38. Тофу на скара со неримисо .................................................... 91
39. Ражен тофу и зеленчук ........................................................... 93
40. Индиски зачинети тофу раженчиња ..................................... 95
41. Пиперки полнети со тофу на скара ....................................... 97
42. Сизлер со топол и кисел сос .................................................. 100

## КРЧЕЊЕ ЗА ЖИВИНА ................................................................. 104
43. Пилешко со соја мед ............................................................... 105
44. Пилешко пилешко со билки .................................................. 107
45. Пилешко пилешко .................................................................. 110
46. Пилешко и сирење .................................................................. 113
47. Пилешки тандури скара ......................................................... 115
48. Пилешко чили на скара .......................................................... 117
49. BBQ пилешко и Андуј хаш .................................................... 120

50. Балсамично глазирано пилешко ................................................................ 123

51. Пилешко на скара и зеленчук ................................................................... 126

52. Пилешко на скара со сос од Хавана ......................................................... 128

53. Пилешко на скара со сос од печурки ...................................................... 130

54. Hakka тестенини и скара пилешко Sizzler ............................................. 134

## ГРЧКА ТЕЛЕШКО ................................................................ 138

55. Крцкава шунка со глазирани праски ...................................................... 139

56. Тексас сизлерс ................................................................................................ 141

57. Теријаки од говедско месо ........................................................................ 143

58. 30-минутно јагнешко скара за двајца .................................................... 145

59. опашка на скара во стилот на Кајун ...................................................... 147

60. Јагнешко пеперутка на скара .................................................................... 149

61. Сифтек стек со пиперки и кромид ........................................................... 151

62. Сушено говедско месо на скара ............................................................... 153

63. Скара на скара прајм ребро ...................................................................... 155

64. Мешана скара на отворено ........................................................................ 157

65. Стекови од говедско сечило на скара .................................................... 159

66. Sizzle говедско Мешај-Фрај ........................................................................ 161

67. Сирлоин Сизлер ............................................................................................. 163

## СИЗЛЕР ЗА МОРСКА ................................................................ 165

68. Шезуан стил мешана морска храна Sizzler ........................................... 166

69. Цела риба на пареа со ѓумбир и кромид ................................................ 169

70. платики на скара со анасон ....................................................................... 172

71. Јаболко глазирани морска храна ражничи .......................................... 174

72. Скара ражен од риба ................................................................................... 176

## ГЛАВНИЦИ ЗА ЗЕЛЕНЧУК ................................................................ 178

73. Зеленчук sizzlers ........................................................................................... 179

74. Кинески цицач од зеленчук ....................................................................... 182

75. Пери пери Панеер сизлер .................................................................. 184

76. Мумбаи Сизлер ................................................................................. 186

77. Модар патлиџан и тофу во сос од лук ........................................... 189

78. Индиски Сизлер од зеленчук ......................................................... 192

79. Зачинет тофу и домати .................................................................... 195

80. Хаш од компири од ким .................................................................. 198

81. Хаш од компири од семе од синап ................................................ 200

82. Зелка во пенџаби стил .................................................................... 202

83. Зелка со семе од синап и кокос ..................................................... 204

84. Грав со компири ............................................................................... 206

85. Модар патлиџан со компири .......................................................... 208

86. Масала бриселско зелје .................................................................. 211

87. Цвекло со семки од синап и кокос ................................................ 213

88. Зачинет спанаќ со „Панеер" ........................................................... 215

89. Компири од тилчец-спанаќ ............................................................ 218

90. Крцкави бамии ................................................................................. 220

91. Колбас на скара со зачинет сенф ................................................... 223

92. Колбас на скара и Портобело ........................................................ 225

93. Праз на скара со шампањ ............................................................... 227

94. Шитаки на скара на јаглен ............................................................. 229

95. Конфети зеленчук на скара ............................................................ 231

# ДЕСЕРТ .............................................................................. 233

96. Sizzler Fudge Brownie со чоколаден сос ....................................... 234

97. Суџи и пудинг за скара со овошје ................................................ 238

98. Сплит банана на скара .................................................................... 240

99. Чоколадо Брауни Сизлер ................................................................ 242

100. Gajar Halwa и сунѓер Sizzler ......................................................... 245

# ЗАКЛУЧОК .................................................................... 247

## ВОВЕД

Современиот живот секако ги изнесе нашите внатрешни готвачи, инспирирајќи ја потрагата да се рекреираат јадења во ресторански стил дома. Најновиот тренд со кој сите експериментиравме, е инспириран од сизлерс во ресторански стил.

Ако знаете, ја знаете возбудата на врелиот цицач што вреска.

Толку е забавно, толку и драматично, звучно проследено со задоволувачкото шушкање на сос што се прелива врз многу жешката чинија. Ќе се израмнам со вас, тоа не е најлесното јадење за совладување со фер ниво на труд вклучен во склопувањето. Сепак, крајниот резултат дефинитивно вреди! Еве неколку практични рецепти за да започнете да го приспособувате вашиот сопствен цицлер!

# СТАРТЕРИ

## 1. Sizzler Тост со лук-сирење

Прави: 8 порции

## СОСТОЈКИ:
- 2 фунти леб
- Путер
- Рендан пармезан
- Масло, за печење на скара

## ИНСТРУКЦИИ:
a) Намачкајте ги со путер двете страни од парчињата леб.
b) Притиснете ги парчињата подмачкани со путер во рендан пармезан (како крафт сувиот пармезан).
c) Парчињата убаво покријте ги со ренданото сирење.
d) Наздравете на добро подмачкана рамна решетка или тава на средна температура, превртувајќи еднаш.
e) Секој дополнителен леб добро замрзнува.

## 2. Пиперка на скара

Прави: 6 порции

## СОСТОЈКИ
- 6 цели пиперки на скара; излупени
- ½ фунта свежа моцарела
- Стиснете сол
- 3 лажички маслиново масло
- 1 китка рузмарин
- Киткајте Свежо мелен црн пипер

## ИНСТРУКЦИИ:
a) Во секоја пиперка ставете парче сирење.
b) Додадете ситно гранче рузмарин, сол, бибер и 1/2 лажичка маслиново масло за да завршите. Затворете го врвот на секоја пиперка со сечканиот дел.
c) Загрејте ја скарата на средно-висока топлина.
d) Ставете ги пиперките на скара и варете 2 минути по страна, вртејќи ги со клешти додека не се стопи сирењето.
e) Се става во чинија и се прелива со маслиново масло, се зачинува со сол и бибер, па се става гранче рузмарин. Послужете веднаш.

## 3. На скара кругчиња домати и сирење

Прави: 4 порции

## СОСТОЈКИ
- 4 сегменти Леб, бел
- 1 голем домат, избришан и сегментиран
- 4 сегменти Кози сирење Кругови

## ОБЛЕКУВАЊЕ
- 2 лажички сок од лимон
- Стиснете сол
- Изгмечете свежо мелен пипер
- Избор на листови од салата
- 1 лажичка оцет, балсамико
- 2 лажици Маслиново масло

## ИНСТРУКЦИИ:
a) Загрејте ја скарата.
b) Исечете четири круга од сегментите на лебот со тркалезен метален секач од 3 инчи, а потоа тостирајте во умерена рерна 1-2 минути или додека не порумени.
c) Прелијте ги круговите тост со кругчињата домати и козјо сирење и загревајте уште 4-5 минути, додека не поруменат.
d) Соединете ги состојките за преливот, а потоа наредете ги круговите од козјо сирење на скара на кревет со листови зелена салата на чинии за сервирање.
e) Одозгора посипете го преливот и послужете веднаш.

## 4. Кајун бамја и пченка на скара

Сочинува: 6

## СОСТОЈКИ
- ¼ чаша свеж сок од лимета
- 1 лажица зачини Cajun
- 1 лажичка рендана кора од лимета
- 1 чешне лук, мелено
- 5½ унци Сок од домати
- 3 ушите згрчени пченка, се сече вкрстено во сегменти
- ½ килограм бамја
- 1 Црвена пиперка, исечена на квадрати од 1 инчи
- Спреј за готвење од зеленчук

## ИНСТРУКЦИИ:
a) Во голема тешка пластична кеса, комбинирајте ги првите 5 состојки.
b) Запечатете ја кесата со зеленчукот внатре. Ставете го во фрижидер 1 час, вртејќи ја кесичката до половина.
c) Користејќи 6 раженчиња, наизменично истурете зеленчук.
d) Гответе 13 минути или додека не омекне на решетката за скара покриена со спреј за готвење, вртете и мачкајте редовно со преостанатата маринада.

## 5. Сизлерс за сирење

**СОСТОЈКИ:**
- 1 с рендано швајцарско сирење или 1 шолја чедар сирење
- 1/4 с смачкана варена сланина
- 1/4 с мајонез
- 1 лажица млад кромид или 1 лажица сецкан зелен кромид
- 1/4 с сечкани црни маслинки
- 18 парчиња минијатурен ржан коктел леб

**ИНСТРУКЦИИ:**
a) Комбинирајте ги сите состојки и добро измешајте;
b) Се шири преку парчиња леб;
c) Се вари 4 инчи од топлина додека сирењето не се стопи.

6. **Sizzler Cheese Toast Copycat**

Прави: 4 парчиња

## СОСТОЈКИ:
- ¼ C омекнат солен путер
- ¼ C рендано италијанско сирење мешавина од пармезан, моцарела, азијаго итн.
- 4 парчиња дебел исечен леб како Тексас тост

## ИНСТРУКЦИИ:
a) Комбинирајте путер и сирење во мала чинија.
b) Намачкајте ја на едната страна од лебот и гответе ја подмачканата страна надолу во нелеплива тава на средно-тивок оган. Гответе додека сирењето не порумени и префрлете го во чинија. Исечете и послужете.

# САЛАТИ И СТРАНИ

# 7. Пиперки на дрва

Прави: 2

**СОСТОЈКИ:**
- 11 oz. бебешки пиперки
- 4 лажици маслиново масло

Салса Верде
- 2 oz. магдонос
- 2 oz. босилек
- 1 чешне лук, мелено
- 6 лажици маслиново масло
- 2 лажички морска сол
- Сок од половина лимон

**ИНСТРУКЦИИ:**
a) Комбинирајте ги состојките на салса Верде во процесор за храна.
b) Ставете ја вашата Sizzler тава во рерна да се загрее со две лажички маслиново масло.
c) Ставете ги пиперките d внатре во Sizzler, намачкајте ги со маслиново масло и вратете ги во рерна 5 минути или додека не порумена од едната страна, а потоа превртете ги пиперките и варете уште 5 минути.
d) Извадете ги пиперките од рерната, а потоа посипете ги со салса Верде.
e) Послужете.

## 8. Аспарагус завиткан со шунка од Парма

*Прави:2*

## СОСТОЈКИ:
- 8 копја од аспарагус
- 8 парчиња шунка од Парма
- 2 лажици маслиново масло
- 2 лажици пармезан, рендан

## ИНСТРУКЦИИ:
a) Загрејте ја Дрвената рерна на средно-висока температура.
b) Избланчете ги копјата од аспарагус во тенџере така што ќе ги ставите во нежно зовриена вода две минути, потоа извадете ги и ставете ги во ладна вода или под ладна проточна вода.
c) Ставете го вашиот Гризлер во рерната на дрва за да се загрее откако ќе го додадете маслиновото масло.
d) Завиткајте го работ на шунката од Парма околу копјето од аспарагус, тркалајќи го за целосно да го обложите копјето во шунката.
e) Извадете го гризлерот од рерната и ставете го завиткиот аспарагус.
f) Посипете го пармезанот врз аспарагусот и вратете го Гризлерот во рерната.
g) Печете на скара две минути од секоја страна или додека не се појават траги од жар на двете страни.

## 9. Топол и зачинет прелив

Прави: 1 порција

**СОСТОЈКИ:**
- 4 Сланина исечена на коцки
- ⅓ чаша Пејс Пиканте сос
- ¼ чаша црвен вински оцет
- 2 лажички Шеќер

a) Гответе ја сланината во тавче додека не стане остра.
b) Додадете ги останатите состојки и доведете до вриење, постојано мешајќи.
c) Пред сервирање, прелијте го топол прелив со салати од спанаќ или исечени домати.

## 10. Сизлер од компири

**СОСТОЈКИ:**
- 2 компири со средна големина
- Масло за пржење
- 1 кромид (сецкан)
- 3 домат (паста)
- 1 лажица паста од лук од ѓумбир
- 3 лажици кечап со лук лук
- 1 лажица соја сос
- 2 лажици чили сос од лук
- Сол по вкус
- 1 лажиче црвено чили во прав
- 1/4 чаша Вода
- 4-5 лажици масло
- Лисја од коријандер по потреба
- 1 зелено чили исечкано

**ИНСТРУКЦИИ:**

a) Излупете ги и добро измијте ги компирите
b) Сега исечкајте ги како помфрит и добро измијте ги за да се отстрани скробот.
c) Загрејте масло во тава за длабоко пржење.
d) Пропржете ги додека добро не се сварат.
e) Процедете го маслото од нив.
f) Сега земете 3-4 лажици масло во тава и загрејте го.
g) Додадете сечкан кромид и варете додека не се промени бојата.
h) Сега додадете паста од лук од ѓумбир и добро измешајте.
i) Сега додадете ја доматната паста и добро измешајте и варете малку.
j) Додадете црвено чили во прав и добро измешајте.
k) Сега додадете вода и добро измешајте додека не добие изглед на сос.
l) Сега додадете сол, соја сос и чили сос и добро измешајте.
m) Сега додадете листови коријандер и добро измешајте. Потоа додадете лук кечап со лук и добро измешајте.
n) Сега додадете компири и добро измешајте и варете околу 2-3 нане.
o) Истурете го пржењето од компири во сад.
p) Посипете ги листовите од коријандер и зелените чили и послужете ги топли со пржен ориз.

## 11. Спанаќ со шкрилец

## СОСТОЈКИ:
- 250 гр спанаќ
- 2 лажици Бесан
- 4 ало
- 3 главици кромид
- по вкус Сол
- По потреба црвено чили
- по потреба Манго во прав
- по потреба Масло

## ИНСТРУКЦИИ:
a) Земете масло во тава и загрејте го.
b) Сега измешајте спанаќ, компир, кромид, сол, чили, манго во прав.
c) Сега направете тесто и дајте му јака форма. Пржете го, готов е.

12. **Зачинета салата од грав**

Создава: 5 чаши (1,19 L)

## СОСТОЈКИ:
- 4 шолји варен грав (или 2 (15 унци) (426 g) конзерви, исцедени и исплакнати)
- 1 среден компир, варен и исечкан на коцки
- ½ средно црвен кромид, излупен и исечен на коцки
- 1 среден домат, исечкан на коцки
- 1-парче корен од ѓумбир, излупен и изрендан или мелен
- 2–3 зелени тајландски, серано или кајен чили, сецкани
- Сок од 1 лимон
- 1 лажичка црна сол
- 1 лажичка Чаат Масала
- ½ лажичка крупна морска сол
- ½-1 лажичка црвен чиле во прав или кајен
- ¼ чаша (4 g) сецкан свеж цилинтро
- ¼ чаша (59 мл) чатни од тамаринд-урм

## ИНСТРУКЦИИ:
a) Во голема чинија измешајте ги сите состојки освен тамаринд-урмата.

b) Поделете ја салатата на мали чинии за сервирање и наполнете ги со една лажица чатни од тамаринд-урм.

## 13. Печен карфиол и брокула

Создава: 8 чаши (1,90 L)

**СОСТОЈКИ:**
- 1 голема главица карфиол, извадени цветчиња и исечени на парчиња со големина на залак (3 чаши [300 g])
- 1 голема глава брокула, извадени цветчиња и исечени на парчиња со големина на залак (1 чаша [100 g])
- 2 чаши (320 g) чери домати
- 1 преполна лажица гарам масала
- 2 лажички крупна морска сол
- 2 лажици масло

**ИНСТРУКЦИИ:**
a) Поставете ја решетката на највисоката позиција и загрејте ја рерната на 425°F (220°C). Обложете го листот за печење со алуминиумска фолија за лесно чистење.
b) Во голема, пространа чинија ставете ги карфиолот, брокулата и доматите.
c) Додадете гарам масала, сол и масло. Нежно измешајте.
d) Наредете ја смесата на подготвениот плех. Гответе 30 минути, мешајќи еднаш на половина од времето за готвење. Оставете малку да се излади.
e) Послужете со ориз, полнет во пита или со роти или наан.

## 14. Поперс од наут

Изработка: 4 чаши (948 ML)

**СОСТОЈКИ:**
- 4 чаши варен наут или 2 лименки наут
- 1 лажица гарам масала, Чаат Масала или Самбхар Масала
- 2 лажички крупна морска сол 2 лажици масло
- 1 лажичка црвен чиле во прав, кајен пипер или пиперка, плус повеќе за посипување

**ИНСТРУКЦИИ:**

a) Поставете ја решетката на највисоката позиција и загрејте ја рерната на 425°F (220°C). Обложете го листот за печење со алуминиумска фолија за лесно чистење.

b) Наутот исцедете го во голема цедалка околу 15 минути за да се ослободите од што повеќе влага. Ако користите конзервирана, прво исплакнете.

c) Во голем сад, нежно измешајте ги сите состојки.

d) Наредете ги зачинетите наут во еден слој на плехот.

e) Гответе 15 минути. Внимателно извадете го плехот од рерна, нежно измешајте за наутот да се свари рамномерно и варете уште 10 минути.

f) Оставете да се излади 15 минути. Посипете со црвен чиле во прав, кајен пипер или пиперка.

## 15. Салата од мама со никне

Направи: 2 чаши (474 ML)

## СОСТОЈКИ:
- 1 шолја (192 g) никна цела зелена леќа
- 1 зелен кромид, сецкан
- 1 мал домат, сецкан (½ чаша [80 g])
- ½ мала црвена или жолта пиперка, сечкана (¼ чаша [38 g])
- 1 помала краставица, излупена и исечкана
- 1 помал компир, варен, излупен и исечкан
- 1-парче корен од ѓумбир, излупен и изрендан или мелен
- 1-2 зелени тајландски, серано или кајен чили, сецкани
- ¼ чаша (4 g) сецкан свеж цилинтро
- Сок од ½ лимон или лимета
- ½ лажичка морска сол
- ½ лажичка црвен чиле во прав или кајен
- ½ лажичка масло

## ИНСТРУКЦИИ:
a) Соединете ги сите состојки и добро измешајте. Послужете како дополнителна салата или како брза, здрава, високопротеинска закуска.

b) Работи во пита со сечкано авокадо за брз ручек.

## 16. Салата од домати, краставици и кромид

Создава: 5 чаши (1,19 L)

**СОСТОЈКИ:**
- 1 голем жолт или црвен кромид, излупен и исечкан на коцки
- 4 средни домати, исечени на коцки
- 4 средни краставици, излупени и исечени на коцки
- 1-3 зелени тајландски, серано или кајен чили, сецкани
- Сок од 2 лимета
- ¼ чаша (4 g) сецкан свеж цилинтро
- 1 лажичка крупна морска сол
- 1 лажичка црна сол
- 1 лажичка црвен чиле во прав или кајен

**ИНСТРУКЦИИ:**
a) Во поголем сад соединете ги сите состојки и добро измешајте.
b) Послужете веднаш како додаток на секое јадење или послужете со страна чипс како брза и здрава салса. Имајте на ум дека со комбинација на лимета и домати, оваа салата нема долг рок на траење.

## 17. Улица Попер салата од наут

Создава: 5 чаши (1,19 L)

**СОСТОЈКИ:**
- 4 шолји (948 мл) Поперс од наут варени со која било масала
- 1 средно жолт или црвен кромид, излупен и исечен на коцки
- 1 голем домат, исечен на коцки
- Сок од 2 лимони
- ½ чаша (8 g) сецкан свеж цилинтро
- 2–4 зелени тајландски, серано или кајен чили, сецкани
- 1 лажичка крупна морска сол
- 1 лажичка црна сол
- 1 лажичка црвен чиле во прав или кајен
- 1 лажичка Чаат Масала
- ½ чаша (119 мл) чатни од нане
- ½ чаша (119 мл) чатни од тамаринд-урма
- 1 чаша (237 мл) соја јогурт раита

**ИНСТРУКЦИИ:**
a) Во длабок сад измешајте ги наутот, кромидот, доматот, сокот од лимон, цилинтрото, чилето, морската сол, црната сол, црвениот чиле во прав и Чаат Масала.
b) Смесата поделете ја на поединечни чинии за сервирање.
c) Наполнете го секој сад со по една лажица чатни од нане и тамаринд-урма и раита од соја јогурт. Послужете веднаш.

## 18. Улична салата од пченка

Изработка: 4 чаши (948 ML)

## СОСТОЈКИ:
- 4 уши пченка, излупени и исчистени
- Сок од 1 среден лимон
- 1 лажичка крупна морска сол
- 1 лажичка црна сол
- 1 лажичка Чаат Масала
- 1 лажичка црвен чиле во прав или кајен

## ИНСТРУКЦИИ:
a) Печете ја пченката додека малку да се јагленисува.
b) Извадете ги зрната од пченката.
c) Во сад ставете ги зрната пченка и измешајте ги сите останати состојки. Послужете веднаш.

### 19. Крцкава салата од морков

Создава: 5 чаши (1,19 L)

## СОСТОЈКИ:
- ½ чаша (96 g) разделена и излупена зелена леќа
- 5 чаши (550 g) излупени и изрендани моркови
- 1 среден даикон, излупен и изрендан
- ¼ чаша (40 g) сурови кикиритки, суви печени
- ¼ чаша (4 g) мелено свеж цилинтро
- Сок од 1 среден лимон
- 2 лажички крупна морска сол
- ½ лажичка црвен чиле во прав или кајен
- 1 лажица масло
- 1 преполна лажичка семки од црн синап
- 6-7 листови кари, грубо сецкани
- 1-2 зелени тајландски, серано или кајен чили, сецкани

## ИНСТРУКЦИИ:
a) Потопете ја леќата во зовриена вода 20 до 25 минути, додека да биде ал денте. Исцедете.
b) Во длабок сад ставете ги морковите и даиконот.
c) Додадете ја исцедената леќа, кикирики, цилинтро, сок од лимон, сол и црвено чили во прав.
d) Во плитка, тешка тава, загрејте го маслото на средно-висок оган.
e) Додадете ги семките од синап. Покријте ја тавата (за да не испаднат и да не ве изгорат) и варете додека семето да пркне, околу 30 секунди.
f) Внимателно додајте ги листовите кари и зелените чили.
g) Со оваа смеса прелијте ја салатата и убаво измешајте. Послужете веднаш, или ставете го во фрижидер пред сервирање.

## 20. Калинка Чаат

Изработува: 3 ЧАШИ

**СОСТОЈКИ:**
- 2 големи калинки, отстранети семки (3 чаши [522 g])
- ½–1 лажичка црна сол

**ИНСТРУКЦИИ:**
a) Измешајте ги семките со црната сол.
b) Уживајте веднаш или ставете го во фрижидер до една недела.

## 21. Овошна салата Масала

Прави: 9–10 ЧЕШКИ

## СОСТОЈКИ:
- 1 средно зрело диња, излупено и исечено на коцки (7 чаши [1,09 кг])
- 3 средни банани, излупени и исечени
- 1 чаша (100 g) грозје без семки
- 2 средни круши со јадро и исечкани на коцки
- 2 мали јаболка, исечкани и исечени на коцки (1 чаша [300 g])
- Сок од 1 лимон или лимета
- ½ лажичка крупна морска сол
- ½ лажичка Чаат Масала
- ½ лажичка црна сол
- ½ лажичка црвен чиле во прав или кајен

## ИНСТРУКЦИИ:
a) Во голем сад, нежно измешајте ги сите состојки.
b) Послужете веднаш на традиционалната улична храна, во мали чинии со чепкалки за заби.

## 22. Салата од портокал

Сочинува: 3½ чаши (830 ML)

**СОСТОЈКИ:**
- 3 средни портокали, излупени, со семки и исечени на коцки (3 чаши [450 g])
- 1 мала жолта или црвена главица кромид, излупена и мелена
- 10–12 црни маслинки од Каламата, без јаз и грубо сечкани
- ¼ чаша (4 g) сецкан свеж цилинтро
- Сок од 2 средни лимета
- ½ лажичка крупна морска сол
- ½ лажичка црна сол
- ½ лажичка гарам масала
- ½ лажичка мелен црн пипер
- ¼ лажичка црвен чиле во прав или кајен

**ИНСТРУКЦИИ:**

а) Нежно измешајте ги сите состојки. Пред сервирање ставете го во фрижидер најмалку 30 минути.

## 23. Градинарска салата на скара

Прави: 6 порции

## СОСТОЈКИ:

- 2 умерени домати, исечени со семки и исечени на коцки
- 1 умерена тиквичка, исечкана на коцки
- 1 чаша замрзната цело зрно пченка, одмрзната
- 1 мало зрело авокадо, излупено, исечено со семки и крупно исечено
- ⅓ чаша Тенки сегментиран зелен кромид со врвови
- ⅓ чаша Пејс Пиканте сос
- 2 лажици Растително масло
- 2 лажици Исечен свеж цилинтро или магдонос
- 1 лажица сок од лимон или лимета
- ¾ лажичка сол лук
- ¼ лажичка мелен ким

## ИНСТРУКЦИИ:

a) Измешајте ги доматите, тиквичките, пченката, авокадото и зелениот кромид во големо јадење.

b) Измешајте ги преостанатите состојки; добро измешајте. Истурете ја смесата од зеленчук; нежно измешајте. Се лади 3-4 часа, повремено нежно мешајќи.

c) Нежно промешајте и послужете разладено или на собна температура со дополнителен сос Пејс Пиканте.

## 24. Аспарагус и домати на скара

Прави: 1 порција

**СОСТОЈКИ:**

- 12 унци аспарагус, исечени
- 6 зрели домати, преполовени
- 3 лажици Маслиново масло
- Сол и црн пипер
- 1 чешне лук, мелено
- 1 лажица Сенф
- 3 лажици балсамико оцет
- ⅓ чаша маслиново масло
- Сол и црн пипер

**ИНСТРУКЦИИ:**

a) Загрејте ја тавата на скара на умерен-силен оган. Во големо јадење измешајте аспарагус со маслиново масло и сол и бибер. Измачкајте ги доматите со преостанатото маслиново масло во садот.

b) Аспарагус и домати печете ги на скара, посебно додека не омекнат, но не се распаѓаат.

c) Во сад Измешајте лук, сенф, балсамико оцет и маслиново масло со жица или рачен миксер. Зачинете по вкус со сол и бибер

d) Послужете зеленчук на скара, попрскан со винегрет.

## 25. Карипска салата на скара од чили

Прави: 2 порции

СОСТОЈКИ:

- ¼ чаша Дижон сенф
- ¼ чаша мед
- 1 ½ лажица Шеќер
- 1 лажица масло од сусам
- 1 ½ лажица јаболков оцет
- 1 ½ лажичка сок од лимета
- 2 умерени домати, исечени на коцки
- ½ чаша шпански кромид, исечен на коцки
- 2 лажички халапењо бибер
- 2 лажички Цилантро, ситно мелено
- штипнете сол
- 4 половини од пилешки гради; без коски и без кожа
- ½ чаша Теријаки саламура
- 4 чаши зелена салата Ајсберг, исечкана на коцки
- 4 шолји зелена лисна салата, исечкана на коцки
- 1 чаша црвена зелка, исечкана на коцки
- 1 конзерва парчиња ананас во сок
- 10 тортиља чипс

## ИНСТРУКЦИИ:

a) Направете го преливот така што ќе ги измешате сите состојки во помал сад со електричен миксер. Покријте и разладете.
b) Направете Pico de Gallo со комбинирање на сите состојки во мало јадење. Покријте и разладете.
c) Маринирајте го пилешкото во теријаки најмалку 2 часа. Ставете го пилешкото во кесичката и истурете го во саламура, а потоа измешајте го во фрижидер.
d) Подгответе ја скарата или загрејте скара на шпорет. Печете го пилешкото на скара 4 до 5 минути по страна или до готово.
e) Измешајте ги зелената салата и зелката, а потоа поделете ги зелените во 2 големи јадења за салата со индивидуална порција.

f) Поделете го пико де гало и прелијте го на 2 изедначени делови врз зелените.

g) Поделете го ананасот и посипете го на салатите.

h) Исечете го чипсот од тортиља на големи парчиња и посипете половина на секоја салата.

i) Сегментирајте ги пилешките гради на скара на тенки ленти и нанесете половина од лентите на секоја салата.

j) Прелијте го преливот во 2 мали јадења и послужете со салатите.

## 26. Салата од рукола и зеленчук на скара

Прави: 8 порции

## СОСТОЈКИ:

- 1 ½ чаша маслиново масло
- ¼ чаша сок од лимон
- ¼ чаша балсамико оцет
- ¼ чаша Свежи билки
- 4 цртички табаско сос
- Сол и бибер по вкус
- 2 Црвени пиперки; преполовен
- 3 домати од слива; преполовен
- 2 умерени црвен кромид
- 1 мал модар патлиџан; Сегментирани со дебелина од 1/2".
- 10 печурки со копчиња
- 10 мали црвени компири; варен
- ⅓ чаша маслиново масло
- Сол и бибер по вкус
- 3 китки рукола; измиени и сушени
- 1 фунта Моцарела; тенко Сегментирани
- 1 чаша црна маслинка; јама

## ИНСТРУКЦИИ:

а) Во умерено јадење, измешајте ги маслиново масло, сок од лимон, оцет, билки, сос од табаско и сол и бибер; потоа добро изматете ги. Стави на страна.

b) Во многу голема чинија ставете ги пиперките, доматите, кромидот, модар патлиџан, печурките и компирите. Додадете маслиново масло, сол и бибер; потоа добро измешајте за да се премачка зеленчукот со маслото. Зеленчукот печете го на скара на умерен жежок оган додека не порумени, 4 до 6 минути од секоја страна. Извадете го од скарата и веднаш штом ќе се излади, исечете ги на парчиња со големина на залак.

c) Направете кревет од рукола на голема, плитка чинија. Наредете го зеленчукот на скара врз руколата, одозгора со моцарелата и маслинките и послужете со преливот заедно.

## 27. Салата од јагнешко и лима грав на скара

Прави: 4 порции
СОСТОЈКИ:
- 2 Црвени пиперки
- ¾ чаша маслиново масло
- ¼ чаша балсамико оцет
- 1 лажица лук; мелено
- ¼ чаша босилек; ситно сецкани
- Сол и бибер по вкус
- 1 чаша грав Лима; гранатираа
- 1 фунта јагнешко месо; 1/2" коцки
- 1 китка рукола; измиени и сушени
- 1 голем домат; на коцки

**ИНСТРУКЦИИ:**

а) Пиперките се пече на скара на оган, се тркалаат наоколу за да се варат рамномерно, додека корaта не стане многу темна и пликови. Извадете го од скарата, ставете во кафена хартиена кеса, врзете ја кесата и оставете ги пиперките да се изладат во кесата 20 минути. Извадете од кесата, излупете ја корaта и извадете ги семките и стеблата.

b) Ставете ги пиперките во процесор за храна или миксер и додека моторот сè уште работи, додајте го маслиновото масло во постојан тек. Додадете ги балсамико оцетот, лукот и босилекот, а потоа измешајте ги.

c) Зачинете со сол и бибер па оставете го на страна.

d) Во умерено тенџере ставете 2 чаши солена вода да зовријат. Додадете ги зрната лима и варете додека не станат меки, но не и кашести, 12 до 15 минути. Исцедете го, потопете го во ладна вода за да престане варењето, повторно исцедете го и ставете го во голема чинија.

e) Во меѓувреме, зачинете го јагнешкото со сол и бибер по вкус, ражен на ражничи и печете на скара на оган 3 до 4 минути од секоја страна.

f) Извадете го од оган и лизгајте ги ражничките.

g) Додадете ги јагнешкото месо, руколата и доматот во садот што ги содржи зрната лима. Добро измешајте го преливот, додајте колку да се навлажни состојките добро измешајте и послужете.

## 28. Салата од авокадо и ориз

Прави: 4 порции

СОСТОЈКИ:

- 1 чаша ориз Вехани
- 3 зрели сливи домати; семе и исечкано на коцки
- ¼ чаша црвен кромид исечен на коцки
- 1 мала пиперка Халапењо; семе и исечкано на коцки
- ¼ чаша Ситно исечен цилинтро
- ¼ чаша Екстра девствено маслиново масло
- 1 лажица сок од лимета
- ⅛ лажичка семе од целер
- Сол и црн пипер; по вкус
- 1 зрело авокадо
- Мешани бебешки зеленило

**ИНСТРУКЦИИ:**

a) Гответе го оризот Вехани според УПАТСТВО: на пакувањето
b) Премачкајте на плех да се излади.
c) Во големо јадење измешајте ориз со домати, црвен кромид, пиперка халапењо и цилантро. Додадете екстра девствено маслиново масло, сок од лимета и семе од целер. Зачинете со сол и бибер
d) За сервирање, излупете го и исечете го авокадото. Наредете сегменти над мешани бебешки зелени.
e) Лажица Вехани оризова салата над авокадо. Украсете со зеленчук на скара, по желба.

## 29. Кафеав ориз и зеленчук на скара

Прави: 6 порции
СОСТОЈКИ:
- 1 ½ чаша кафеав ориз
- 4 тиквички преполовени по должина
- 1 голем црвен кромид, вкрстено исечен на 3 дебели сегменти
- ¼ чаша маслиново масло, плус...
- ⅓ чаша маслиново масло
- 5 лажици соја сос
- 3 лажици Вустершир сос
- 1 ½ шолја дрвен чипс од мескит натопени во ладна вода 1 час
- 2 чаши свежи зрна од пченка
- ⅔ чаша свеж сок од портокал
- 1 лажица свеж сок од лимон
- ½ чаша Италијански магдонос исечкан на коцки

**ИНСТРУКЦИИ:**

a) Гответе го оризот во големо тенџере со зовриена солена вода додека не омекне, околу 30 минути

b) Добро исцедете го. Оставете да се излади на собна температура.

c) Измешајте ¼ чаша масло, 2 лажици соја сос и 2 лажици Вустершир сос; прелијте ги деловите од тиквички и кромид во плиток сад. Оставете да се маринира 30 минути, ротирајќи го зеленчукот еднаш во ова време.

d) Готова скара (умерено-висока топлина). Кога јагленот ќе побелее, исцедете ги чипсот од мескот (ако го користите) и распрснете го преку јаглен. Кога чипсот ќе почне да пуши, ставете кромид и тиквички на скара, зачинете со сол и бибер

e) Покријте и варете додека не омекне и зарумени (околу 8 минути), повремено ротирајќи и четкајќи со саламура. Извадете зеленчук од скара.

f) Исечете ги парчињата кромид на четвртинки, а тиквичките на парчиња од 1 инчи. Се става во порција сад со изладен ориз и пченка.

g) Измешајте сок од портокал, сок од лимон, ⅓ шолја масло, 3 лажици соја сос и 1 лажица Вустершир сос. Прелијте ја салатата со 1 чаша прелив и измешајте да се измеша. Промешајте со магдонос и зачинете со сол и бибер.

h) Послужете ја салатата со дополнителен прелив на страна.

## 30. Јаболко манго салата со пилешко на скара

Прави: 4 порции
СОСТОЈКИ:
- 2 лажици Ориз вински оцет
- 1 лажица Свеж власец; на коцки
- 1 лажичка свеж ѓумбир; рендан
- ½ лажичка Сол
- ¼ лажичка Свежо мелен пипер
- 1 лажица сончогледово масло
- ½ лажичка Сол
- ¼ лажичка Свежо мелен пипер
- ¼ лажичка ким
- 1 прстофат мелен црвен пипер
- 4 Без коски; половини пилешки гради без кожа
- Спреј за готвење од зеленчук
- 8 чаши мешани зелени за салата
- 1 големо манго; излупени и Сегментирани
- 2 златни вкусни јаболка; излупени, со јадра, тенко Сегментирани
- ¼ чаша семки од сончоглед
- Леб од сусам; (изборен)

**ИНСТРУКЦИИ:**

a) Направете ѓумбир-винегрет: измешајте оцет, власец, ѓумбир, сол и бибер во мало јадење; постепено матете со масло. Прави ¼ шолја.

b) Во чаша измешајте сол, бибер, ким и црвен пипер. прскајте ги двете страни на пилешкото. Лесно премачкајте ја тешката тава за скара или решетка од леано железо со спреј за готвење од зеленчук

c) Загрејте 1 до 2 минути на умерено-висока топлина

d) Гответе го пилешкото 5 до 6 минути по страна, додека не се готви.

e) Измешајте ги зелените, манго и јаболкото со 3 лажици прелив. Наредете ја салатата на 4 поединечни чинии за вечера.

f) Сегментирајте пилешко и поделете рамномерно над зелените; Посипете ја преостанатата 1 лажица од преливот врз пилешкото. Посипете 1 лажица семки од сончоглед над секоја салата.

g) Послужете со блескаво лебче од сусам, по желба.

## 31. Салата од пилешко на скара и наут

Прави: 4 порции
## СОСТОЈКИ:
- 2 лажици мелено лук
- 2 лажици свеж ѓумбир; излупени и изрендани
- 1 лажичка мелен ким
- ½ лажичка Сол
- ¼ лажичка мелен црвен пипер
- 4 половини пилешки гради со кожа и со коски
- 2 лименки (15 унци) наут; исплакнат и исцеден
- ½ чаша обичен јогурт
- ½ чаша кисела павлака
- 1 лажица кари во прав
- 1 лажица Сок од лимон
- ½ лажичка Сол
- 1 Црвена пиперка; на коцки
- ¼ чаша виолетова кромид; на коцки
- 2 пиперки халапењо; семе и мелено
- 2 лажици свеж цилинтро; на коцки
- 2 лажици Свежо нане; на коцки
- 3 чаши свеж спанаќ; искинати
- 3 чаши зелена салата со црвен врв; искинати
- 2 лажици Сок од лимон
- 1 лажица Топло кари масло

**ИНСТРУКЦИИ:**

a) Измешајте ги првите 5 состојки; прскајте ги сите страни на пилешките гради.

b) Покријте и ладете 1 час

c) Измешајте ги наутот и следните 10 состојки, покријте и изладете. Пилешко на скара, покриено со капак за скара, на умерено висока температура (350° до 400°) 5 минути од секоја страна. Исечете на делови дебели ½ инчи. Чувајте го топло. Во големо јадење измешајте спанаќ и зелена салата.

d) Изматете го сокот од лимон и маслото од кари; посипете ги зелените и нежно измешајте. Наредете рамномерно на 4 порции чинии; рамномерно ставете салата од наут и Сегментирани пилешки гради. Прави: 4 порции.

# VEGAN SIZZLERS

## 32. Крцкав тофу со сос од капер

Прави 4 порции

- 1 фунта екстра цврсто тофу, исцедено, исечено на парчиња од 1/4 инчи и притиснато
- Сол и свежо мелен црн пипер
- 2 лажици маслиново масло, плус уште ако е потребно
- 1 средна шалот, мелена
- 2 лажици каперси
- 3 лажици мелен свеж магдонос
- 2 лажици вегански маргарин
- Сок од 1 лимон

**ИНСТРУКЦИИ:**

a) Загрејте ја рерната на 275°F. Сува тофуто и зачинете со сол и бибер по вкус. Ставете го пченкарниот скроб во плиток сад. Намачкајте го тофуто во пченкарен скроб, премачкајќи ги сите страни.

b) Во голема тава загрејте 2 лажици масло на средна топлина. Додадете го тофуто, во серии доколку е потребно, и варете додека не порумени од двете страни, околу 4 минути по страна. Прженото тофу префрлете го во сад отпорен на топлина и чувајте го топло во рерната.

c) Во истата тава загрејте ја преостанатата 1 лажица масло на средна топлина. Додадете го шелот и варете додека не омекне, околу 3 минути.

d) Додадете ги каперсите и магдоносот и варете 30 секунди, а потоа измешајте ги маргаринот, сокот од лимон и солта и биберот по вкус, мешајќи да се растопи и да се вклопи маргаринот.

e) Прелијте го тофуто со сос од капер и послужете веднаш.

## 33. Темпех на скара

Прави: 4 порции

## СОСТОЈКИ:
- 2 лажици соја сос
- Темпех од 1 фунта, исечен на шипки од 2 инчи
- 2 лажици маслиново масло
- 1 средна главица кромид, мелено
- 1 средна црвена пиперка, мелена
- 2 чешниња лук, мелено
- Домати од 14,5 унца
- 2 лажици темна меласа
- 1 лажица шеќер
- 1/2 лажичка сол
- 1/4 лажичка мелен пипер
- 1/4 лажичка мелен кајен
- 2 лажици јаболков оцет
- 2 лажички зачинета кафеава сенф

## ИНСТРУКЦИИ:
a) Во тенџере со зовриена вода, варете го темпехот 30 минути.

b) Загрејте масло во големо тенџере на средна топлина и варете го кромидот, пиперката и лукот 4 минути или додека не омекнат.

c) Оставете да зоврие со доматите, меласата, оцетот, соја сосот, сенфот, шеќерот, солта, пиперот и кајенот.

d) Варете 20 минути.

e) Загрејте ја преостанатата 1 лажица масло и варете темпех 10 минути или додека темпехот не порумени.

f) Додадете доволно сос за целосно да се премачка темпехот.

g) Покријте и варете 15 минути за да се измешаат вкусовите. Послужете веднаш.

## 34. Тофу на скара со глазура од Тамаринд

Прави 4 порции

**СОСТОЈКИ:**
- 2 шелот, мелено
- Стиснете сол
- 2 лажици маслиново масло
- 1 килограм екстра-цврст тофу
- 2 чешниња лук, мелено
- 2 зрели домати, крупно сецкани
- 2 лажици кечап
- 1/4 чаша вода
- 2 лажици Дижон сенф
- 1 лажица кафеав шеќер
- 2 лажици концентрат од тамаринд
- 1 лажица темна меласа
- 1/2 лажичка мелен кајен
- 1 лажица чадена пиперка
- 2 лажици нектар од агава
- 1 лажица соја сос
- Исцедете мелен црн пипер

**ИНСТРУКЦИИ:**
a) Исечете го тофуто на парчиња од 1 инчи, зачинете по вкус со сол и бибер и ставете го во плитка тава за печење.
b) Загрејте го маслото во големо тенџере на средна топлина. Пржете 2 минути со лукот и лукот.
c) Измешајте ги преостанатите состојки (освен тофу) и потоа варете на тивко 15 минути. Се трга од оган и се пасира додека не се изедначи совршено.
d) Вратете се во тенџерето и динстајте уште 15 минути.
e) Загрејте ја скарата или бројлерот на рерната.
f) Печете го маринираниот тофу, ротирајќи еднаш.
g) Отстранете го тофуто од скарата и премачкајте ги од двете страни со сос од тамаринд пред сервирање.

## 35. Сок од портокал Мариниран тофу во ражен

Прави: 4 порции

## СОСТОЈКИ
- 1 килограм цврст тофу, исечен на половина и исцеден
- 16 шитаке печурки
- 1 голема Daikon ротквица
- 1 секој Head bok choy

**Саламура**
- ½ чаша соја сос
- ½ чаша сок од портокал
- 2 лажици Ориз оцет
- 2 лажици масло од кикирики
- 1 лажица масло од темно сусам
- 2 лажици свеж ѓумбир, мелено
- ¼ лажичка Топло чили, мелено

## СОСТОЈКИ:
a) Изматете ги сите состојки со саламура.
b) Маринирајте ги печурките, даиконот и стеблата бок чој.
c) Свиткајте ги страните на секој лист кон центарот и навивајте го одозгора.
d) Наизменично намачкајте ги листот, печурките, тофуто, даиконот и стеблото бок чој на дрвени ражничи.
e) Печете ги ражничките на скара 12 до 15 минути на затворена скара, ротирајќи до половина за да се обезбеди рамномерно готвење.

## 36. Кафе тофу на скара

Прави: 4 порции

## СОСТОЈКИ
- 1 килограм тофу
- ¼ чаша Тамари
- 1 лажичка ѓумбир, свеж; мелено
- цртичка Бибер, кајен
- ¼ чаша Мирин

## ИНСТРУКЦИИ:
a) Комбинирајте мирин, тамари, ѓумбир и кајен пипер.
b) Маринирајте го тофуто во смесата најмалку еден час или преку ноќ.
c) Печете тофу на скара над врел јаглен додека не порумени.

## 37. Тофу од соја на скара

Прави: 4 порции

## СОСТОЈКИ
- 1 килограм цврст тофу, исечен на парчиња
- 2 лажици соја сос
- 1 лажица спакуван кафеав шеќер
- 1 лажица кечап
- 1 лажица рен
- 1 лажица јаболков оцет
- 1 чешне лук, мелено

## ИНСТРУКЦИИ:
a) Комбинирајте соја сос, кафеав шеќер, кечап, рен, оцет и лук во сад за мешање; прелијте со тофу и превртете го да се премачка рамномерно.

b) Ставете го во фрижидер најмалку 1 час или до 24 часа, вртете еднаш или двапати.

c) Повторно послужете ја маринадата и ставете тофу на подмачкана скара.

d) Печете на скара 3 минути од секоја страна или додека не зарумени на умерено висока топлина, преливајќи со маринада.

## 38. Тофу на скара со неримисо

Прави: 12 порции

## СОСТОЈКИ
- 3 лажици Даши
- ½ чаша бело мисо
- 1 лажица Шеќер
- 1 лажица Мирин
- 1 жолчка од јајце
- 3 колачи тофу
- 12 Sprigs kinome
- 3 лажици сусам, тост

## ИНСТРУКЦИИ:
a) Варете ги даши, мисо, шеќер и мирин на тивок оган 20 минути.
b) Оставете малку да се излади пред да ја додадете жолчката. Мешајте енергично додека не се формира мазна паста.
c) Сомелете го сусамот и измешајте го со половина смеса од неримисо, оставајќи го другиот сос обичен.
d) Исечете ја секоја тофу торта на четири правоаголници. Од едната страна од парчињата тофу премачкајте го неримизото, а на половина употребете го едноставниот сос и на другата половина сосот со вкус на сусам.
e) Печете на скара до кафеава и крцкава од двете страни над јаглен.

## 39. Ражен тофу и зеленчук

Прави: 1 порција

## СОСТОЈКИ
- 4 млад кромид
- 1 Блокирај цврст тофу, исечен на 3/4"

## МЕШИНА ЗА САЛАМ
- 2 лажички лук
- 2 лажици свеж ѓумбир
- 3 лажици маслиново или канола масло
- ½ чаша соја сос
- 2 лажици кафеав шеќер
- 2 лажички препечено масло од сусам
- ¼ лажичка Црвени Чиле снегулки
- ⅓ lb Crimini или Shiitake печурки
- 1 Црвена пиперка
- 1 Црвен или жолт кромид

## ИНСТРУКЦИИ:
a) За да направите саламура, испасирајте ги кромидот, лукот и ѓумбирот во процесор за храна или миксер додека не се исецкаат ситно.
b) Промешајте ја смесата со млад кромид на малку масло минута или две, додека мешате со соја сосот и шеќерот.
c) Тргнете го од оган и оставете малку да се излади пред да додадете масло од сусам и црвени чили снегулки.
d) Намалете ја топлината и прелијте ги коцките тофу, маринирајќи најмалку 1 час и до 4 часа.
e) Маринирано со ражен тофу, печурки, пиперки и кромид.
f) Премачкајте го зеленчукот со преостанатата саламура и печете го на скара додека не стане крцкав и нежен.

## 40. Индиски зачинети тофу раженчиња

Прави: 1 порција

## СОСТОЈКИ
- 3 пакувања тофу, исечени на коцки
- Сок од 2 лимони
- Сол и црн пипер
- 1 Црвен кромид
- 2 лажици Исечен коријандер
- 1 мала краставица; излупени
- 4 пити лебови, малку печени на скара
- 1 када природен јогурт
- Масло од кикиритки за пржење
- 1 лажица семки од ким
- 1 лажица пиперка
- 2 црвени чили
- 1 мало парче ѓумбир
- 3 лажици Јогурт
- 2 лажици куркума
- 1 лажица Гарам масала
- 1 лажица семки од коријандер

## ИНСТРУКЦИИ:
a) Сомелете ги сите зачини заедно во мелница за кафе, а потоа измешајте ги со јогуртот, солта и сокот од лимон.
b) Маринирајте го тофуто во смесата за зачини, а потоа истурете ражен користејќи бамбусови раженчиња.
c) Црвениот кромид и краставица исечкајте ги ситно и соедините ги со коријандерот. Зачинете со сол и бибер по вкус
d) Во мало количество масло од кикиритки, заруметете ги раженчињата со тофу од сите страни.
e) Послужете со пити на скара, јогурт и мешавина од црвен кромид.

## 41. Пиперки полнети со тофу на скара

Прави: 4 порции

## СОСТОЈКИ
- 4 големи зелени пиперки
- 1 голем кромид; на коцки
- 3 чешниња лук; мелено
- 12 унци тофу; се распарчи
- 2 лажички маслиново масло; можеби тројно
- 8 унци Сегментирани печурки
- 4 ромски домати
- 1 лажичка мелено свеж мајоран
- ½ лажичка сол; или повеќе по вкус
- 1 лажица соја сос
- 14 унци Задушени домати
- 1 чаша варен кафеав ориз
- ½ чаша Вода
- Свежо мелен црн пипер
- Пармезан или павлака за украсување
- 1 лажичка свежо оригано

**ИНСТРУКЦИИ:**
a) Загрејте ја скарата на средно-висока.
b) Печете ги пиперките на скара 5 минути, превртувајќи ги на секои 2 минути, додека не се јагленосат, но не премногу омекнати.
c) Пропржете ги кромидот, лукот и тофуто во маслиново масло на голема решетка на скара 4 до 5 минути.
d) Во тавче измешајте ги печурките, доматите, мајоранот, солта и ориганото.
e) Додадете ги соја сосот, доматите и оризот во сад за матење.
f) Истурете ја оваа смеса во секоја пиперка, нежно притискајќи надолу со лажица за да направите дополнително место за филот.
g) Наполнете четвртина од преостанатиот ромски домат во врвот на секоја пиперка.
h) Покријте ги пиперките во сад за печење со преостанатата смеса од домати.
i) Покријте со алуминиумска фолија и додадете ја водата и црниот пипер.
j) Загрејте ја скарата и варете ги пиперките 20 до 25 минути или додека не омекнат.
k) Со лажица прелијте ги пиперките со преостанатиот сос и послужете.

## 42. Сизлер со топол и кисел сос

Прави: 2

**СОСТОЈКИ**
**ЗА СИЗЛЕР СОСОТ**
- ⅓ чаша ориз оцет
- 1 ½ лажица мирин
- ¼ чаша лесен соја сос
- 1 ½ лажица пченкарен скроб
- 2 лажици вода
- 2 лажици Срирача или самбал оелек
- 1 ½ лажичка кафеав шеќер
- 1½ лажица ситно сечкан ѓумбир
- 4 чешниња лук, мелено
- 1 ½ лажица ситно сечкан зелен кромид
- 2 лажички сечкани кашмирски чили снегулки
- Нотка сечуан бибер во зрна

**СЛАТК КОМПИР КОМПИР**
- 2-3 средни слатки компири
- 1 – 2 лажици маслиново масло или масло од авокадо
- 1 – 2 лажици пченкарно брашно (по потреба)
- ½ лажичка ситна морска сол
- добра пукнатина од црн пипер

**ЗА ЌЕШТАТА**
- 1 чаша црн или кафеав ориз
- 1 – 2 лажици масло од сусам
- 2 чаши сецкан зеленчук по избор
- Свилено-цврсто или екстра-цврсто тофу
- листови зелка (за обложување на плочата за цицање)
- путер (за подмачкување на плочата за цицање)

## ИНСТРУКЦИИ
## ПОДГОТВЕТЕ ГО СОСОТ СИЗЛЕР

а) Изматете го оризот оцет, соја сос, мирин и Шрирача (или самбал оелек). Додадете пченкарно брашно, вода и шеќер и изматете енергично додека целосно не се раствори.

b) Загрејте една лажица масло во голема тава. Испржете го сечканиот кромид додека не стане proѕирен. Додадете го лукот, ѓумбирот, зрната бибер и сечканите чили и пржете ги додека не замирисаат.

c) Рецепт за топол и кисел сос

d) Додадете ја смесата на база на оцет и мешајте, варете додека не се згусне сосот.

e) Вкусете и приспособете го во зависност од преференциите (можете да додадете повеќе шеќер ако сакате послатко; малку повеќе Sriracha/ sambal oelek ако сакате со позачинет. Можете исто така да додадете прскање вода ако треба да го разредите сосот намалете го малку до конзистентност што може да се истури.

## ПЕЧЕТЕ ГО СЛАТКИОТ КОМПИР

f) Загрејте ја рерната на 180С. Обложете голем лист за печење со хартија за печење, добро подмачкајте за да се осигурате дека помфритот не се залепи за тавата.

g) Исчистете ги и излупете ги слатките компири, исечете ги во форма на помфрит (околу ¼" широк и ¼" дебел). Погрижете се да бидат со слична големина (за да се печат рамномерно).

h) Додадете го помфритот во сад за матење. Посипете со авокадо или маслиново масло, пченкарно брашно морска сол и пукнатина црн пипер, мешајте додека помфритот не се премачка лесно и рамномерно.

i) Наредете ги помфритите во еден слој (не пренатрупајте ги на плехот) и печете околу 20-30 минути, извадете го плехот на половина пат и завртете го пред да го вратите во рерна за да заврши печењето рамномерно. преку. Извадете го откако помфритот ќе стане крцкав и ќе се испече до златно совршенство. Стави на страна.

j) **ПОДГОТВЕТЕ СЕ ДРУГО**
k) Сварете го црниот или кафеавиот ориз според упатствата на пакувањето.
l) Загрејте една лажица масло од сусам во нелеплива тава, полека додавајќи го зеленчукот. Се динста додека не се свари, но со цврст залак, пред да се зачини со сол и бибер по вкус.
m) Ако додадете тофу: загрејте ја преостанатата лажица масло од сусам во друга тава. Премачкајте го тофуто со малку пченкарно брашно и испржете го додека не се стегне и порумени од двете страни.

**СОБРАТЕТЕ ГО СИТЕ ЗАЕДНО**
n) Намачкајте ја тавата со путер и обложете ја со листови зелка пред да ја загреете на тивок оган. Додека се загрева, наредете го оризот, зеленчукот, печениот помфрит и тофуто.
o) Загрејте го сосот со цицлер.
p) Откако тавчето ќе се загрее многу, прелијте го со сосот за цицлер. Исклучете го гасот и додајте уште малку растопен путер по страните на тавата за дополнително крцкање.
q) Подигнете ја тавата многу внимателно, ставете ја на дрвениот плех и послужете веднаш.
r) најдобриот рецепт за цицлер

# КРЧЕЊЕ ЗА ЖИВИНА

## 43. Вртење пилешко со мед од соја

Прави: 4 порции

**СОСТОЈКИ:**
- 200 грама кинески тестенини
- ½ чаша масло; (120 ml)
- ¼ чаша рендан млад кромид; (50 g)
- ¼ чаша рендана зелка; (50 g)
- ¼ чаша рендан пипер; (50 g)
- ¼ чаша рендан морков; (50 g)
- 1 ½ чаша пилешко без коски; варени и сецкани
- 10 милилитри соја сос
- 25 милилитри мед
- Сол по вкус
- 4 зелени чили; ситно сецкани
- 200 грама тестенини; пржени

**ИНСТРУКЦИИ:**

a) Подготовка на гнездото: Сварете ги и исцедете ги тестенините. Земете две чаши (чаши) со порозни дупки.

b) Ставете ги тестенините рамномерно помеѓу двете чаши. Притиснете го и потопете го во врело масло. Пржете додека тестенините не добијат златно кафеава боја.

c) Извадете ги од маслото и нежно исчукајте ги тестенините од чашата. Чувајте ги гнездата во облик на чаша настрана.

d) Загрејте го маслото во тава или вок. Додадете млад кромид, зелка, пиперка и морков. Убаво пропржете. Додадете го ренданото пилешко и пржете додека не е готово. Зачинете со соја сос, мед, сол и сечкани зелени чили.

e) Ставете ги пржените тестенини во гнездото и ставете ги на врел шкрилец заедно со сотеното пилешко и прженaта пченка и млад кромид. Послужете го топло.

## 44. Пилешко пилешко со билки

**СОСТОЈКИ:**
**Маринада со пилешко:**
- 500 грама пилешко без коски, во коцки
- 1 лажица лук паста
- 1 лажица паста од ѓумбир
- 1/4 чаша грчки обичен јогурт

**Чили во прав по вкус**
- 2 лажици кашмирско црвено чили во прав
- 1 лажица коријандер во прав
- 1 лажица ким во прав
- Сол по вкус
- 1/4 чаша свеж магдонос сецкан
- 1/4 чаша свеж босилек сецкан

**ЗА ПОСЛУЖУВАЊЕ:**
- Измешајте сварен зеленчук Малку сок од лимон или лимета

**ДРУГИ:**
- чинија за цицање
- Раженчиња
- Масло за четкање

**ИНСТРУКЦИИ:**
a) Избоцкајте коцки пилешко и маринирајте во сите состојки. Оставете околу 7 часа или преку ноќ во фрижидер.
b) Извадете го пилешкото од маринадата и навојте го на ражен, ставете го преку плех за капе.
c) Намачкајте со масло. Се пече во загреана рерна на околу 210°C 20-25 минути, додека не се свари и порумени на рабовите, или преку јама за скара или на скара. Повторно намачкајте со малку масло кога е скоро готово.
d) Потоа извадете ги сите парчиња пилешко од ражен, ставете ги во чинија и оставете ги на страна.
e) Пред да го ставите пилешкото на чинијата, загрејте ја железната плоча многу жешко. Ставете ги сите мешавини од зеленчук и пилешко и непосредно пред да ги послужите на масата, посипете малку вода и масло врз неа и ќе добиете крцкање и чад.
f) Украсете со повеќе свежи билки по желба и послужете топло.

## 45. Пилешко пилешко

**СОСТОЈКИ:**
- 1 чаша пилешки коцки без коски

**МАРИНАДА**
- 1 лажица соја сос
- 1 лажица оцет
- 1 лажица пилешки прав
- 1 лажичка ѓумбир + лук во прав (паста)
- 1/2 лажичка пиперка
- 1/2 лажичка прашок за пециво

**СОС**
- 3 лажици кечап
- 1 лажица чили сос од лук
- 1 лажица Вустершир сос
- 1 лажица мед
- 1 лажица пченкарно брашно
- 2 лажици вода
- 1/2 лажичка сол

**ЗЕЛЕНЧУК**
- 1 кромид
- 1/2 пиперка зелена жолта црвена
- Цвеќиња од брокула
- 2 лажици масло

**ИНСТРУКЦИИ:**

a) Маринирајте ги коцките пилешко со состојки за маринадата некое време. Неколку часа би биле добри

b) Јас користам зеленчук од фрижидер како кромид, пиперки, брокула. Можете да користите кој било зеленчук по избор

c) Земете 2 лажици масло во тава и испржете го пилешкото на меко. Додадете состојки за сосот освен пченкарното брашно. Оставете го сосот сето добро да се соедини. Измешајте го пченкарното брашно во вода и додадете го во тава. Мешајте до малку густа конзистентност

d) Додадете коцки зеленчук и пржете 2_3 минути за да остане крцкаво и да се избегне кикнување. Направете жешка чинија. Додадете коцка путер. Оставете да се растопи и да пржи па додадете го пилешкото. Послужете пржено со пржен ориз.

### 46. Крцкаво пилешко и сирење

Прави: 2

## СОСТОЈКИ:
- 2 (4-унца) пилешки гради
- 2 лажици сечкан лук
- 2 лажици сечкан магдонос
- 1 лажичка мелени црвени чили
- ¼ лажичка црн пипер
- ¼ лажичка сол
- 4 поделени лажици маслиново масло
- 1 жулиен зелен пипер
- 1 жулиен црвен пипер
- 1 жулиен жолт кромид
- 4 чаши варен пире од компири
- ½ чаша рендано бело сирење Чивава
- 2 парчиња американско сирење

## ИНСТРУКЦИИ:
a) Изматете ги пилешките гради до рамномерна дебелина.
b) Во кесичка со патент, измешајте лук, магдонос, чили, бибер, сол и 2 лажици маслиново масло.
c) Ставете ги пилешките гради во маринадата и ставете ги во фрижидер 2-4 часа.
d) Во тава со леано железо на средна топлина, загрејте го преостанатото маслиново масло и пропржете го пилешкото
e) градите по 5 минути по страна додека не добијат златно-кафеава боја. Извадете од тавата.
f) Пржете ги пиперките и кромидот 2-3 минути, додека да биде ал денте. Извадете го од тавата.
g) Загрејте тава од леано железо на горилникот додека не биде многу жешко. Ставете го пире од компири во тава,
h) потоа додадете ги сирењата, пиперките и кромидот.
i) Врз компирите ставете го пилешкото. Гответе додека не се загрее. Послужете од топлата тава.

## 47. Пилешки тандури скара

Прави: 6 порции

**СОСТОЈКИ:**
- 16 унци обичен јогурт
- ¼ чаша сок од лимета
- 2 чешниња Лук, ситно
- Исечени на коцки или притиснати
- 2 лажички сол
- ¼ лажичка куркума
- ½ лажичка коријандер
- 1 лажичка мелен ким
- 1 ½ лажичка мелен ѓумбир
- ⅛ лажичка кајен пипер
- 3 Цели пилешки гради
- 1 голем кромид, ситно исечен
- 1 голема зелена пиперка

**ИНСТРУКЦИИ:**
a) Подгответе загреан јаглен или загрејте ја скарата 10 минути.
b) Во големо јадење измешајте јогурт, коријандер, лимета, сок, ким, лук, ѓумбир, сол, кајен пипер и куркума.
c) Промешајте да се измешаат. Додадете парчиња пилешко и измешајте да се премачкаат. Покријте ја смесата и пилешкото со пиперки и кромид. Покријте. Оладете се преку ноќ
d) Превртете и варете додека не завршите, приближно 15 до 20 минути. Премачкајте со саламура за време на готвењето. ВОЛТ

## 48. Пилешко чили на скара

Прави: 2 или 3

**СОСТОЈКИ:**
- 1 чаша обичен јогурт
- 1 лажица Сок од лимон
- ½ чаша кромид; крупно исечени на коцки
- 1 лажичка семки од ким
- 1 кафена лажичка зрна бибер
- 1 лажичка сечуан пипер
- 2 свежи црвени чили
- 2 лажици Масло од сенф
- Сол по вкус
- 1½ килограм пилешки гради
- 2 лажици Масло од сенф
- 3 Суви цели црвени пиперки
- ½ лажичка куркума
- 1 чаша кромид; ситно сецкани
- 1 лажичка лук; мелено
- 1 лажичка свеж ѓумбир; ситно изрендано
- 2 црвени чили; мелено
- 1 лажичка ким во прав
- 1 лажичка коријандер во прав
- 1 лажичка Свежо мелен црн пипер
- Сол по вкус
- 1 чаша домати; на коцки
- 1 чаша пилешка супа
- ½ чаша зелен кромид; се сече на 1-во должини

**ИНСТРУКЦИИ:**
a) Во миксер измешајте јогурт, сок од лимон, кромид, семки од ким, зрна бибер, црвени чили, масло од сенф и сол. Измешајте за да добиете мазна паста.
b) Истурете ја пастата за маринирање врз пилешкото во голема чинија. Добро измешајте, покријте и оставете да се маринира најмалку четири часа.

c) Печете го маринираното пилешко на скара на јаглен, повремено вртејќи го додека не се готви, околу 7 минути. Исечете го пилешкото на скара на ленти од 1 инчи.

d) Во тенџере на умерен оган, загрејте 2 лажици масло од сенф. Сувите црвени пиперки пропржете ги додека не се стемни. Додадете куркума и мешајте 15 секунди. Додадете кромид и пржете на умерена топлина додека не порумени. Во смесата со кромид додадете лук, ѓумбир, црвени чили, ким, коријандер, црн пипер и сол.

e) Се динстаат 30 секунди, а потоа се додаваат доматите и пилешката супа.

f) Намалете го огнот да врие и оставете ја смесата од домати и кромид да се готви околу 10 минути, додека не се згусне. Поместете ги пилешките ленти на скара во сосот; добро промешајте. Гответе уште 10 минути за да испари вишокот течност за да се премачкаат парчињата пилешко со сосот. Прилагодете го зачинот со сол и бибер. Украсете со зелен кромид. Послужете со ориз или роти.

## 49. BBQ пилешко и Андуј хаш

Прави: 4 порции

**СОСТОЈКИ:**
- 6 унци пилешки гради
- ¼ шолја BBQ сос
- Сол и црн пипер
- 2 лажици Маслиново масло
- 2 чаши варен компир исечен на коцки, инчи коцки
- ¼ чаша Мал кромид исечен на коцки
- 2 лажици мелено шелот
- 1 шолја колбас од Андуј исечкан на коцки
- 1 лажица мелено лук
- Јајца на око:
- 4 Јајца
- 3 лажици Сегментиран зелен кромид

**ИНСТРУКЦИИ:**

a) Загрејте ја скарата или скарата. Зачинете го пилешкото со сол и бибер.

b) Намачкајте го пилешкото со сосот за скара, премачкувајќи ги целосно градите.

c) Ставете го пилешкото на топла скара или скара и варете 5-6 минути од секоја страна. Оставете го на страна и изладете.

d) За хаш: Во тава Sear, загрејте го маслото. Додадете ги компирите и пржете, повремено тресејќи ја тавата, 2 минути. Додадете го кромидот, шелот и андујот и пржете 1 минута. Исечете го пилешкото BBQ на мали коцки и додадете го во смесата со андуј и пржете 1 минута. Додадете го лукот и зачинете со сол и бибер и повремено мешајте 4 минути.

e) За пржено јајце: 3 чаши вода ставете да зовријат со ½ лажичка бел оцет и ½ лажичка сол во мало тенџере на силен оган.

f) Искршете го јајцето во чаша и нежно ставете го јајцето во водата. Скршете уште едно јајце во чашата и кога водата ќе се врати да зоврие, лизгајте го и ова јајце во водата.

g) Кога водата ќе зоврие, намалете го огнот на минимум и динстајте додека не се стегнат јајцата, околу 2-2½ минути. Исцедете го на хартиени крпи.

h) Кора од морска храна: Измешајте ½ чаша стопен путер, 3 лажици сок од лимон, 2 лажици мелен магдонос и ½ лажица рендана кора од лимон.

## 50. Застаклено пилешко со балсамико

Прави: 4 порции
**СОСТОЈКИ:**
- 1 (3 1/2 до 4 фунти) пилешко
- 2 чешниња лук, ситно мелени
- 4 лажици Листови рузмарин исечкани на коцки
- 2 лажици свежо мелен црн пипер
- 1 лажичка морска сол
- 3 лажици Девствено маслиново масло
- 2 унци кора од пршута
- 2 унци кора од пармезан
- 2 умерени црвен кромид, Сегментирани во
- Дискови од 1 инчи
- 1 Стакло Ломброзо
- 4 лажици балсамико оцет
- 6 големи Радикио ди Тревизо
- 2 лажици Екстра девствено маслиново масло

**ИНСТРУКЦИИ:**

a) Загрејте ја скарата на 375 степени.
b) Исплакнете и исушете го пилешкото. Извадете ги шумите и оставете ги на страна.
c) Исечкајте го лукот, рузмаринот, биберот и морската сол заедно и измешајте ги со девственото маслиново масло. Надвор од пилешкото истријте го целиот со смесата од рузмарин. Ставете ги кората од пршутата и пармезанот во внатрешноста на шуплината и оставете ја да отстои во фрижидер преку ноќ.
d) Ставете ги дисковите од кромидот и ѓубрето на дното на малата тава за печење со тешко дно. Ставете го пилешкото врз кромидот, со градите нагоре. Истурете чаша Ломброзо врз кромидот и намачкајте го пилешкото со 4 лажици балсамико оцет.
e) Ставете го на скара и варете 1 час и 10 минути.
f) Пресечете го Radicchio на половина по должина и ставете го на скара и варете 3 до 4 минути по страна. Извадете го од скара и премачкајте со екстра девственото маслиново масло и оставете го на страна. Извадете ја птицата од скарата и оставете ја да одмори 5 минути. Преместете го пилешкото во чинија за резба. Во чинија ставете ги кромидот и ѓубрето со соковите. Издлабете го пилешкото, посипете го со преостанатиот оцет и послужете веднаш.

## 51. Пилешко и зеленчук на скара

Прави: 1 порција

**СОСТОЈКИ:**
- 2 Пилешки гради
- 4 Жолта тиква
- 1 Црвена пиперка
- 1 зелена пиперка
- ½ чаша цели црни маслинки
- ½ чаша маслиново масло
- 2 лажички сува мајчина душица
- ½ чаша Сув вермут
- 4 чешниња лук
- 1 лимон; сок од
- Сол и црн пипер

**ИНСТРУКЦИИ:**
a) Загрејте ја скарата или скарата.
b) Во сад за мешање измешајте маслиново масло, мајчина душица, вермут, лук и сок од лимон. Во садот додадете пилешки гради, жолт сквош, црвена и зелена пиперка и црни маслинки. Измешајте СОСТОЈКИ: заедно.
c) Истурете ја смесата од садот во метална тава за печење. Зачинете со сол и црн пипер
d) Ставете го врз топла скара или под скара за готвење. Промешајте СОСТОЈКИ: често. Гответе додека пилешкото не е готово и зеленчукот не омекне.

## 52. Пилешко на скара со сос од Хавана

Прави: 8 порции

**СОСТОЈКИ:**
- 28 унци домати од слива; исцедена и
- ⅓ чаша маслиново масло
- ¼ чаша бело вино
- 1 лажица бел оцет
- 3 зелени кромид; на коцки
- 4 чаши лук; мелено
- ½ лажичка Сол
- ½ лажичка бибер
- 2 лажички цилантро; мелено
- 8 пилешко; гради, кожа ре
- Мелен пипер

**ИНСТРУКЦИИ:**
a) Измешајте ги сите состојки за сосот. Добро измешајте, покријте и ставете го во фрижидер преку ноќ. Загрејте надворешна скара и оставете го сосот да дојде на собна температура.
b) Посипете го пилешкото со сок од лимета и со сол и бибер, по желба.
c) Ставете го на скара и варете околу 6 минути по страна или нагоре додека не порумени.
d) Премачкајте го сосот со четка врз пилешкото во текот на печењето.

## 53. Пилешко на скара со сос од печурки

**СОСТОЈКИ:**
**ЗА СОС ОД ПЕЧУРКИ**
- 1 чаша печурки со копче
- 2-3 чешниња лук сецкани
- 1 среден кромид сецкан
- 1 шолја крем
- 1 шолја млеко
- 1 лажица маслиново масло
- 1 лажица путер
- по потреба Свежи билки
- по потреба Листовите магдонос сецкани
- по потреба црн пипер во прав
- по вкус Сол

**ЗА ПИЛЕШКА НА СКАРА**
- 200 грама гради без коски
- 1 лажичка паста од ѓумбир-лук
- По потреба црн пипер во прав
- по вкус Сол
- 1 лажица маслиново

**ЗА ПРСЕНИ ЗЕЛЕНЧУК**
- 1 среден морков сецкан
- 5-6 француски грав
- 1 мала зелена пиперка сечкана
- 1 мала црвена пиперка сечкана
- 1 мала жолта пиперка сечкана
- по потреба Неколку цветови брокула
- 1 инч ѓумбир сецкан
- 2-3 чешниња лук сецкани
- 1 лажица маслиново масло
- по вкус црн пипер во прав
- по вкус Сол
- 1 сок од лимета

### ЗА ШПАГЕТИ
- 100 грама шпагети
- 1 лажица маслиново масло
- по потреба црн пипер во прав
- По вкус Сол

### ЗА СОСТАВУВАЊЕ
- по потреба Зелка рендана
- по вкус Пилешко на скара
- по вкус Сос од печурки
- по потреба Шпагети
- како што е потребно Запржениот зеленчук

### ИНСТРУКЦИИ:

a) За сос од печурки - исечете печурки. Во вок загрејте маслиново масло и путер и додадете печурки. Пржете 2-3 минути додека печурката не ја изгуби влагата

b) Додадете сецкан кромид и лук и пропржете ги уште повеќе печурките да станат кафеави.

c) Додадете павлака и промешајте, посолете и црн пипер и додадете млеко. Додадете сечкан магдонос и билки и промешајте уште еднаш, оставете го на страна.

d) За пилешко на скара - пресечете ги градите без коски на два дела и со задниот дел од ножот одмрзнете. Пресечете малку и намачкајте со паста од ѓумбир-лук, сол и бибер.

e) Во тавче за скара загрејте маслиново масло и печете го пилешкото на скара додека не е добро, оставете го на страна. Нежно исечете го пилешкото на скара

f) За пржениот зеленчук - во вок загрејте маслиново масло и додадете го целиот зеленчук, додадете сечкан ѓумбир и лук, сол и црн пипер во прав. Се пржи 2-3 мин. Додадете сок од лимета и оставете го на страна

g) За шпагети- во вок загрејте ја водата и додадете сол, бибер во прав, 1 лажиче маслиново масло, додадете шпагети и варете

7-8 минути. Процедете и додадете маслиново масло и сол и бибер во прав.

h) За монтажа - загрејте ја циглата додека не се запали топло. Се ставаат на табла и се додава сечканата зелка, од едната страна се ставаат шпагети, од другата прежениот зеленчук. Пилешко на скара во центарот и прелиено со сос од печурки.

i) Украсете со сечкан магдонос и уживајте

## 54. Hakka тестенини и скара пилешко Sizzler

**СОСТОЈКИ:**
- 2 чаши варени тестенини

**ЗА ПИЛЕШКАТА НА СКАРА**
- 1 и ½ лажичка папрака во прав
- 1/2 лажичка Кали мирч во прав (црн пипер во прав)
- ½ лажиче или по вкус Намак (Сол)
- 1/2 лажица паста од лук од ѓумбир
- 1 лажица сецкан сушен или свеж магдонос
- 1 ½ лажица соја сос
- 1 лажица оцет
- 300 грама пилешки филети
- 1-2 лажици масло за јадење
- 1/2 лажица Шеќер

**ПОДГОТВЕТЕ ПРИКЛУЧЕН сос:**
- 2 лажици Махан (путер)
- 1 лажица сос за пица
- 2 лажици лук, сецкан
- 1/2 лажица пченкарно брашно 1 и
- 1 лажица чили паста од лук
- 1/2 лажичка соја сос
- ¼ лажичка или по вкус Намак (сол
- 1/4 чаша чили сос од лук
- 1 шолја или по потреба Пилешко месо

**ПОДГОТВЕТЕ ЗЕЛЕНЧУК:**
- 2 лажици масло за јадење
- 1 лажица сецкани листови зелен кромид
- 1 лажица пченка
- 1/2 чаша Julienne од морков
- 1/2 чаша зелена бугарска пиперка julienne
- 1/4 чаша Џулиен црвен пипер
- 1/2 шолја Џулиен црвен пипер
- ½ лажиче или по вкус Намак (Сол)
- 1/2 лажичка Лал мирч (црвено чили) издробено
- 1/4 чаша рендан морков

## ИНСТРУКЦИИ:
## ПОДГОТВЕТЕ ТЕСФЕНТИ

a) Во нелеплива тава загрејте 1 лажица масло.

b) Додадете ½ лажица сецкан ѓумбир и 1 лажица сечкан лук, 2, лажици жулиенски моркови, 2 лажици пипер, 2 лажици зелка

c) Измешајте и пржете 30 секунди.

d) Додадете тестенини и фрлете да се мешаат. Додадете 1 лажица соја сос, 1 лажичка чили снегулки, здробени зрна бибер, прстофат шеќер и дел од зелениот кромид и фрлете да се измеша. Посолете и добро измешајте.

## ПОДГОТВЕТЕ ПИЛЕ НА скара:

e) Во сад додадете шеќер, пиперка во прав, црн пипер во прав, сол, паста од лук од ѓумбир, свеж или сушен магдонос, соја сос, оцет и добро измешајте.

f) Додадете пилешки филети, добро измешајте и маринирајте 1 час.

g) Во грил тава, додадете масло за јадење и маринирани пилешки филети, печете на тивок оган од двете страни додека не го направите тоа.

## ПОДГОТВЕТЕ ПРИКЛУЧЕН сос:

h) Во тенџере, додадете путер и оставете да се растопи.

i) Додадете кромид, лук и добро измешајте.

j) Додадете брашно за сите намени и добро измешајте 1 минута.

k) Додадете соја сос, црн пипер во прав, сол, чили сос од лук и добро измешајте.

l) Додадете пилешки густин, изматете додека убаво не се соедини и варете 2-3 минути или додека сосот не се згусне и оставете го на страна.

**ПОДГОТВЕТЕ ЗЕЛЕНЧУК:**

m) Во вок, додадете масло за јадење, листовите зелен кромид и добро измешајте.

n) Додадете свеж магдонос и измешајте.

o) Додадете ги преостанатите моркови, жолтата пиперка, пиперката, црвената пиперка, солта, меленото црвено чили, добро измешајте и промешајте пржете 1 минута и оставете го на страна.

**СОСТАВУВАЊЕ:**

p) Загрејте ја тавата, додајте путер, тестенини, измешајте пржени зеленчуци, пилешко филе, приготвен крцкав сос и послужете!

# ГРЧКА ТЕЛЕШКО

## 55. Крцкава шунка со глазирани праски

Прави: 4 порции

## СОСТОЈКИ:
2 1/2 инчи дебели стекови од шунка
1 секоја белка од јајце
1 чаша крекери со мелено сирење
4 половини праски
¼ чаша сос од брусница
По 1 компир
2 лажички маслиново масло

## ИНСТРУКЦИИ:
Јајцето лесно изматете го со 1 лажиче вода. Потопете ја едната страна од секое парче шунка во јајце, а потоа во трошки од крекер. Добро притиснете ги трошките. Ставете ја обложената страна нагоре на решетката за бројлери. Ставете ги половините од праска на решетката за бројлери со шунка, премачкајте ги со стопен сос од брусница. Опкружете се со компир исечен на тенко копје и фрлен во масло. Се вари 4" од топлина 5 минути.

## 56. Тексас сизлерс

Прави: 24 мезе

## СОСТОЈКИ:
- 1½ фунта бифтек од говедско месо
- ½ чаша Салса Пиканте
- 12 Цели пиперки халапено преполовени по должина и посеани
- ¼ шолја Билен крем сирење
- Чепкалки за заби

## ИНСТРУКЦИИ:
a) Исечете стек на ленти со дебелина од ¼ инчи, долги 4". Пресечете го ножот за држење на зрната под агол.
b) Маринирајте ги лентите од говедско месо во Салса Пиканте еден час.
c) Наполнете ја секоја половина халапено со ½ лажичка крем сирење 4. Пополнетите халапено замотајте ги со една стек лента што го покрива крем сирењето додека завиткувате. Краевите на стек зацврстете ги со чепкалка за заби. 5. Печете на скара или варете 4 инчи од топлина 4 минути превртувајќи се по 2 минути. Не преварувајте.
d) За оптимален вкус, маринирајте во топла или средна салса пиканте.

## 57. Теријаки од говедско месо

Прави: 6 порции

## СОСТОЈКИ:
- 1½ фунта Говедско филе
- ½ чаша соја сос
- ¼ чаша сува шери
- 2 лажици Шеќер
- 2 лажички Сува сенф
- 4 чешниња лук, мелено

## ИНСТРУКЦИИ:
a) Делумно замрзнете го говедското месо. Тенко исечете го зрното на ленти со големина на залак. Измешајте соја сос, вино, шеќер и сенф и лук; додадете го говедското месо и оставете да отстои 15 минути на собна температура.

b) Месо од ражен, хармоника, на мали раженчиња. Претходно загрејте ги двете страни на скарата за гас на HIGH 10 минути.

c) Ставете ражен на решетки; Затворете го капакот и варете 5 до 7 минути или повеќе додека месото не биде готово, ротирајќи и често мачкајќи со саламура.

## 58. 30-минутно јагнешко скара за двајца

Прави: 2 порции

**СОСТОЈКИ:**
- 1 лажица соја сос со малку натриум
- 2 лажички масло од сусам
- 1 зелен кромид, исечкан на коцки
- 1 чешне лук, мелено
- 2 лажички Gingerroot, мелено
- ¼ лажичка бибер
- 4 котлети од јагнешко филе
- Солта

**ИНСТРУКЦИИ:**

a) Во плитко јадење измешајте ги соја сосот, маслото, кромидот, лукот, ѓумбирот и биберот. Додадете јагнешко месо, ротирајќи до палтото; оставете да одмори 10 минути.

b) Повторете порција саламура, ставете јагнешко месо на подмачкана скара на умерено-висока топлина; покријте и варете, преливајќи со саламура, 5-7 минути од секоја страна за умерено-ретко или до посакуваното подготвеност. Зачинете со сол по вкус.

c) Послужете со делови од запржени тиквички и слатки компири.

## 59. Готаторска опашка во стилот на Кајун на скара

Сочинува: 16 порции

## СОСТОЈКИ:
- 4 до 6 фунти. Gator Tail Лимон клинови

**Мешавина за зачини:**
- 12 лажици пиперка
- 6 лажици Лук во прав
- 3 лажици Сол
- 3 лажици бел пипер
- 3 лажици Оригано, мелено
- 3 лажици црн пипер
- 2 ½ лажица мајчина душица
- 1 лажица кајен пипер

## ИНСТРУКЦИИ:
a) За да направите мешавина за зачини, измешајте пиперка, лук во прав, сол, бел пипер, оригано, црн пипер, мајчина душица и кајен пипер во тегла со цврсто фитинг капак. Добро протресете да се измешаат.

b) Смесата може да се чува до 3 месеци. Кога сте подготвени за готвење, исечете го месото од опашката на ½" коцки. Секоја коцка превртете ја во 1 лажица од смесата.

c) Гответе на силен оган на скара на отворено или под скара за скара 4 до 6 минути или додека месото од опашката не стане бело и цврсто на допир.

d) Послужете топло со парчиња лимон.

## 60. Јагнешко пеперутка на скара

Прави: 6 порции

## СОСТОЈКИ:
- 4 килограми Јагнешко, пеперутка
- 2 лажички Сол
- 2 чешниња лук, исечени на коцки
- 1 чаша Маслиново масло
- 2 лимони, исцедени
- ⅓ чаша Паста од домати
- 2 лажички рузмарин
- ½ лажичка црн пипер, мелен груб
- ½ лажичка риган
- ½ лажичка оригано
- ½ лажичка солени

## ИНСТРУКЦИИ:
a) Измешајте ги сите состојки во чаша, емајл, не'рѓосувачки или пластичен сад и измешајте ги со жица за матење или вилушка додека не се измешаат. Потребни се неколку минути.

b) Додадете го јагнешкото, ротирајќи го за да бидете сигурни дека е премачкано од сите страни.

c) Маринирајте два часа на собна температура или преку ноќ во фрижидер. Повремено проверувајте за да бидете сигурни дека сè уште е премачкан со саламура и повторно покријте го по потреба.

d) Печете на скара надвор или внатре печете на скара на околу 8 инчи од пламенот по 15 минути од секоја страна, повремено четкајќи со саламура. Послужете Сегментирани тенко (топло) со остатокот од саламура, загреано.

# 61. Скршете стек со пиперки и кромид

## СОСТОЈКИ:
- ½ лажица растително масло
- неколку пресврти на Schwartz Herb Fusion - сите сушени билки со малку лук во прав ќе помогнат
- прстофат црвени чили снегулки
- 300гр бифтек - исечен на ленти
- 1 средна главица кромид - излупена и ситно исечена
- 1 зелена пиперка - семе и ситно исечкана
- прскање сос од соја
- 1 млад кромид (лук) - исечен

## ИНСТРУКЦИИ

a) Истурете го растителното масло на чинија заедно со неколку пресврти од фузија на тревки и чили снегулки, а потоа искористете ја смесата за да го премачкате кромидот, пиперките и исечканиот стек.

b) Загрејте ја чинијата или тавата за пржење со тешка основа до убаво и жешко (тавата ќе почне да чади кога ќе биде подготвена за готвење).

c) Додадете ги стекот, кромидот и пиперките во чинијата и варете (сè ќе се готви навистина брзо) свртете сè во тавата најмалку двапати.

d) Додадете прскање сос од соја заедно со младиот кромид.

e) Послужете веднаш додека се уште крчка.

## 62. Сушено говедско месо на скара

Прави: 4 порции

## СОСТОЈКИ:
- 1 фунта Посно круг или филе
- 2 стебленца свежа лимонска трева или 2 лажици сушена лимонова трева
- 2 мали црвени чили пиперки, со семки
- 2 ½ лажичка шеќер или мед
- 1 лажица виетнамски сос од риба
- 3 лажици Лесен соја сос

## ИНСТРУКЦИИ:
a) Исечете го говедското месо преку зрното на многу тенки сегменти од 3 на 3 инчи. Ако користите свежа лимонска трева, отфрлете ги надворешните листови и горната половина од дршката. Се сече на тенки сегменти и ситно се сечка. Ако користите исушена лимонска трева, потопете во топла вода 1 час. Исцедете ги и ситно исечкајте ги.

b) Измешајте ги чилите и шеќерот во малтер и толчник и изматете ги до фина паста. Додадете ја лимонската трева исечкана на коцки, рибиниот сос и соја сосот и измешајте за да се измеша. (Ако користите миксер, измешајте ги сите овие и измешајте до многу фина паста.) Распоредете ја пастата преку парчињата говедско месо за да се премачкаат двете страни. Оставете да се маринира 30 минути.

c) Распоредете го секој сегмент од маринираното говедско месо на голема, рамна жичана решетка или лист за печење.

d) Оставете да одмори на сонце додека двете страни целосно не се исушат, околу 12 часа.

e) Печете го говедското месо на скара на умерен оган на јаглен или додека не порумени и остри, околу 10 минути.

## 63. На скара прајм ребро

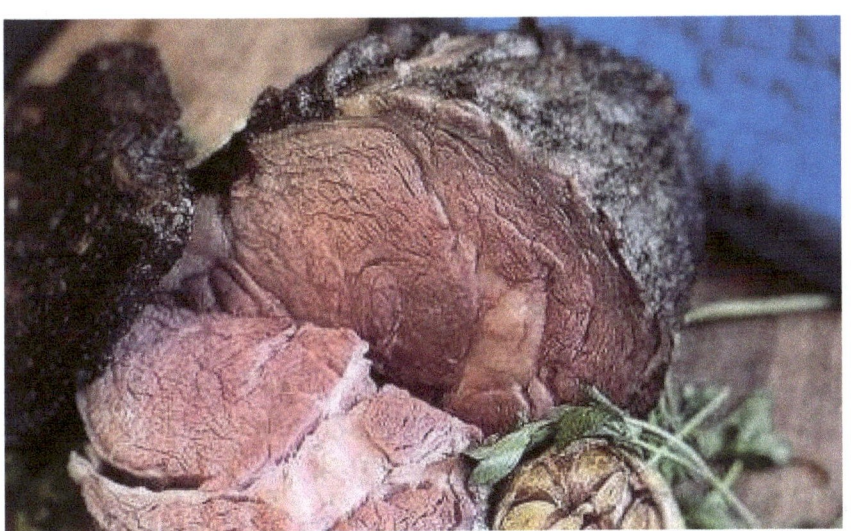

Прави: 1 порција

## СОСТОЈКИ:
- 1 секој од 12 до 15-килограм прајм ребро, коска во
- 1 чаша кошер сол
- 1 шолја Крупен испукан црн пипер
- Намачкајте го главното ребро со сол и бибер.

## ИНСТРУКЦИИ:
a) Во голема скара од котел, запалете оган добро на едната страна. Кога јагленот е добро запален, ставете го реброто на решетката за скара од страната спроти јагленот, внимавајќи дел од реброто да не е директно над јагленот. Ставете го капакот на котелот со отворени отвори ¼.

b) Гответе приближно 2 часа, додавајќи грст свеж јаглен на секои 30 минути или така

c) На 2-часовната точка, проверете го реброто со термометар за месо за да ја одредите подготвеноста; Извадете од огнот на 118 F за многу ретко, 122 F за ретко, 126 F за умерено ретко, и така натаму, додавајќи 4 F за секој степен на подготвеност

d) Оставете да одмори 30 минути пред да го исечете.

## 64. Мешана скара на отворено

Прави: 1 порција
**СОСТОЈКИ:**
● Изберете пилешко, колбаси, говедско, свинско и/или јагнешко месо, како што сакате, и на следниов начин:
● 1 фунта Пилешки гради без коски, без кожа, исечени на парчиња од 1 инч
● 1 фунта Сладок италијански колбас, исечен на парчиња од 1 инчи
● 1 чаша сок од грејпфрут
● 3 лажици мед
● 2 лажици растопен путер
● ½ лажичка Сол
● 2 лажици свеж рузмарин исечкан на коцки
● 2 лажици Свежа мајчина душица исечкана на коцки
● 1 лажица лук исечкан на коцки
● 1 мал кромид, исечкан на коцки
● 2 лажици Сок од лимон
● ½ чаша Масло
● 1 лажичка Сушена мајчина душица
● 1 лажичка сушен риган
● 1 лажичка Сол
● ½ лажичка бибер

**ИНСТРУКЦИИ:**
а) Измешајте ги сите состојки во голема нереактивна плитка чинија; саламура покриена на собна температура 2 часа или покриена во фрижидер неколку часа.
b) Извадете, повторно порцирајте саламура и извалкајте пилешко на сопствено ражен(и) и колбас на сопственото раженче
c) Печете на скара на умерено врел јаглен, често ротирајќи, четкајќи со соодветни саламура. Пилешкото ќе трае околу 15 минути; колбас околу 20-25 минути; свинско, говедско или јагнешко месо околу 20 минути. Извадете го од оган и истурете го со преостанатиот/соодветниот саламура(и); покријте со фолија околу пет минути; послужете.

## 65. Стекови од говедско сечило на скара

Прави: 1 порција

## СОСТОЈКИ:
- Шест говедско сечило без коски; шницли
- 2 големи црвени пиперки; четвртини
- Кора од 2 папок портокали
- 1 чаша свеж сок од портокал
- ⅓ чаша растително масло
- 2 чешњиња лук
- 1 лажица соја сос
- 1 лажичка Сушени снегулки од лута црвена пиперка
- 1 лажица јаболков оцет
- ½ лажичка Сол

## ИНСТРУКЦИИ:
a) Во голема плитка чинија наредете ги шницлите во еден слој и додадете ги пиперките.

b) Во миксер измешајте ја кората од портокал, сокот од портокал, маслото, лукот, соја сосот, снегулките црвени пиперки, оцетот и солта додека саламурата не се изедначи, истурете ја саламурата врз шницлите и пиперките, премачкајте ги темелно и оставете ја смесата да се маринира покриена и изладена преку ноќ.

c) Стековите и пиперките, фрлената саламура, печете ги на скара на решетка подмачкана со масло од 5 до 6 инчи над светлечки јаглен по 8 минути од секоја страна за умерено-ретки стекови, преместете ги во послужавник и оставете ги шницлите да одморат 5 минути.

## 66. Сржете го говедско месо со мешање

Прави: 3

## СОСТОЈКИ:
- 300 гр тенки исечени говедски стекови, исечени на груби коцки
- 2 лажички масло
- 450гр подготвен растителен ориз по избор
- За Sizzle сосот:
- 4 лажици Вустершир сос
- 1 лажичка кинески 5 зачини во прав
- 2 лажици доматно пире
- 1 лажица мед
- 1 лажица лесен соја сос

## ИНСТРУКЦИИ:
a) За да го направите сосот, во помал сад измешајте ги сите состојки и оставете ги на страна.
b) Загрејте го маслото во голема нелеплива тава или вок, додадете го говедското месо и варете 1-2 минути, повремено мешајќи. Додадете го сосот и оризот од зеленчук; продолжете да готвите уште 3-4 минути, мешајќи од време на време додека оризот не се загрее.
c) Послужете веднаш со зелена салата.

## 67. Сирлоин Сизлер

Сочинува: 4

## СОСТОЈКИ:
- 3 лажици балсамико оцет
- 2 лажици маслиново масло
- 2 мелени чешниња лук
- 1 лажичка сушен рузмарин
- 1/4 лажичка сол
- 1 килограм бифтек од филе, дебел 1 инч

## ИНСТРУКЦИИ:
a) Во плитко јадење измешајте ги оцетот, маслото, лукот, рузмаринот и солта.
b) Додадете стек претворајќи се во палто.
c) Маринирајте на собна температура 10 минути превртувајќи еднаш.
d) Загрејте ја подмачканата тава за скара или тавче на средно-висока топлина.
e) Гответе го стек превртувајќи се еднаш за 10-12 минути или додека не биде подготвено.
f) Префрлете се на даска за сечење и шатор со фолија.
g) Оставете да отстои 5 минути пред да го исечете.

**СИЗЛЕР ЗА МОРСКА**

## 68. Шезуан стил мешана морска храна Sizzler

**СОСТОЈКИ:**
- 400 гр Морска храна - големи ракчиња, риба, прстени од лигњи и школки
- 5 сушени чили
- 20 g млад ѓумбир, исечен на парчиња
- 3 чешниња лук, исечени
- половина кромид, се сече на коцки
- 25 гр копчешки печурки, исечени на четвртини
- 50 гр црвен и зелен пипер, исечен на коцки
- 25 гр морков исечен на саканите форми
- 2 лажици масло
- 1 лажиче масло од сусам

**ЗАЧИНИ**
- 1 лажица абалонски сос
- 1 лажица сос од домати
- 1/4 лажичка темен соја сос
- 1/4 лажичка шеќер
- 1/2 чаша вода
- 1 лажичка црн оцет
- 1 лажица вино за готвење Шао Хсинг (по избор)
- 1/8 лажичка пченкарно брашно

**ИНСТРУКЦИИ:**

a) Ракчиња од школка ги оставаат опашките и главите непроменети. Направете процеп во центарот на ракчињата и девеин. Исечете ја рибата на парчиња со големина на залак. Исчистете ги лигњите и исечете ги на прстени.

b) Посипете малку со пченкарно брашно и пржете во врело масло 30 секунди. Исцедете ги и оставете ги на страна.

c) Ставете врела плоча на тивок оган. Премачкајте со малку масло. Загрејте додека не биде жешко.

d) Загрејте масло и масло од сусам во вок. Пропржете ги ѓумбирот, лукот и сувите чили додека не замирисаат. Додадете печурки со копчиња, морков и зачини. Вратете ги морските плодови во вок. Брзо промешајте пржете 10-20 секунди. Додадете пиперка, кромид и добро измешајте да се соедини.

e) Префрлете го садот директно на рингла и послужете го веднаш додека сѐ уште крчка.

## 69. Цела риба на пареа со ѓумбир и кромид

**СОСТОЈКИ:**
**ЗА РИБАТА**
- 1 цела бела риба, околу 2 килограми, со глава и исчистена
- ½ чаша кошер сол, за чистење
- 3 млад кромид, исечени на парчиња од 3 инчи
- 4 излупени парчиња свеж ѓумбир, секое со големина од четвртина
- 2 лажици вино од ориз Shaoxing

**ЗА СОСОТ**
- 2 лажици лесен соја сос
- 1 лажица масло од сусам
- 2 лажички шеќер

**ЗА ПРСЕЧКОТО МАСЛО ЃУМБИР**
- 3 лажици растително масло
- 2 лажици излупен свеж ѓумбир ситно излупен на тенки ленти
- 2 млад кромид, тенко сецкани
- Црвен кромид, тенко исечен (по избор)
- Цилантро (опционално)

**ИНСТРУКЦИИ:**

a) Бришење на рибата внатре и надвор со кошер сол. Исплакнете ја рибата и исушете ја со хартиени крпи.

b) На чинија доволно голема за да се вклопи во кошница од бамбус на пареа, направете кревет користејќи половина од секој од кромидот и ѓумбирот. Поставете ја рибата одозгора и наполнете го преостанатиот кромид и ѓумбир во рибата. Прелијте ја рибата со виното од ориз.

c) Исплакнете ја корпата за пареа од бамбус и нејзиниот капак под ладна вода и ставете ја во вок. Истурете околу 2 инчи ладна вода или додека не дојде над долниот раб на паробродот за околу ¼ до ½ инчи, но не толку висока што водата го допира дното на корпата. Оставете ја водата да зоврие.

d) Ставете ја чинијата во корпата за пароброд и покријте ја. Рибата се динста на средна топлина 15 минути (додадете 2 минути за секој половина килограм повеќе). Пред да ја извадите од вокот, прободете ја рибата со вилушка во близина на главата. Ако месото се снегулки, готово е. Ако месото сѐ уште се држи заедно, варете на пареа уште 2 минути.

e) Додека рибата се пареа, во мала тава загрејте ја лесната соја, маслото од сусам и шеќерот на тивок оган и оставете ги на страна.

f) Откако ќе се свари рибата, префрлете ја во чиста чинија. Исфрлете ја течноста за готвење и ароматиката од чинијата за готвење на пареа. Прелијте ја рибата со топла смеса од соја сос. Шатор со фолија за да се загрее додека го подготвувате маслото.

## 70. платика на скара со анасон

Прави: 1 порција

## СОСТОЈКИ:

- 4 филети платика
- Маслиново масло за четкање
- 10 Шалоти; излупени, Сегментирани
- 4 моркови; фино сегментиран
- 1 Цел анасон; јадро, преполовен
- 2 Китка шафран
- Слатко бело вино
- 1-пинта рибја
- 1-пинта Двоен крем
- Портокал; сок од
- 1 китка коријандер; ситно сецкани

## ИНСТРУКЦИИ:

a) Гответе ги морковите, шелотите, анасонот и шафранот во маслиново масло без боја 3-4 минути. Покријте го зеленчукот за три четвртини со виното и намалете го целосно.

b) Додадете го рибниот фонд и намалете го за една третина. Проверете ги морковите додека се намалуваат и ако само се сварени, процедете го пијалакот од зеленчукот и вратете го алкохолот во тавата за дополнително да се намали. Оставете го зеленчукот на страна.

c) Додадете го кремот во редуцирачкиот пијалок и намалете малку да се згусне. Филетите од платика се четкаат со маслиново масло и се варат на решетката надолу.

d) Во намалената супа додадете го сокот од портокал и вратете го зеленчукот во тавата. Зачинете и послужете со рибата.

## 71. Јаболко застаклени раженчиња од морска храна

Прави: 6 порции

**СОСТОЈКИ:**
- 1 конзерва концентрат од сок од јаболко
- 1 лажица СЕКОЈ путер и Дижон сенф
- 1 голема слатка црвена пиперка
- 6 сегменти Сланина
- 12 морски раковини
- 1 фунта излупени, обоени ракчиња (околу 36)
- 2 лажици свеж магдонос исечкан на коцки

**ИНСТРУКЦИИ:**
а) Во длабок, тежок тенџере, зовријте концентрат на сок од јаболко на силен оган 7 10 минути или повеќе додека не се намали на околу ¾ чаша. Извадете го од оган, изматете го путерот и сенфот додека не се изедначи. Стави на страна. Исечете ја пиперката на половина Извадете ги семките и стеблото и исечете ја пиперката на 24 парчиња. Исечете ги деловите од сланина на половина попречно и завиткајте ја секоја фестонира во парче сланина.

b) бибер за ражен, ракчиња и ракчиња наизменично на 6 раженчиња. Ставете раженчиња на скарата подмачкана со масло. Печете на скара на умерено висока топлина 2-3 минути, преливајќи со глазура од сок од јаболко и често ротирајќи, додека раковите не станат непроѕирни, ракчињата не се розови и биберот не омекне. Послужете попрскани со магдонос.

## 72. Скара ражен од риба

Прави: 4 порции

**СОСТОЈКИ:**
- 1 фунта цврста бела риба
- 1 лажичка сол
- 6 чешниња лук
- 1½ инч свеж корен ѓумбир
- 1 лажица Гарам масала
- 1 лажица мелен коријандер
- 1 лажичка кајен пипер
- 4 унци обичен јогурт
- 1 лажица растително масло
- 1 лимон
- 2 лути зелени чили пиперки

**ИНСТРУКЦИИ:**

a) Филе и риба риба потоа исечете ги на коцки од 11/2 инчи. Ставете околу 5 парчиња на секој ражен и посипете со сол.

b) Направете паста од лукот, ѓумбирот, зачините и јогуртот и искористете ја за да ја покриете рибата. Оставете неколку часа, а потоа на скара.

c) Ражничите може да се попрскаат со малку масло за време на готвењето доколку е потребно. Украсете со лимон исечен на клинови и фини прстени од семе зелен чили пипер.

# ГЛАВНИЦИ ЗА ЗЕЛЕНЧУК

## 73. Сицели од зеленчук

Прави: 1 порција

**СОСТОЈКИ:**
- 1 среден пипер
- 1 среден домат зрел и цврст
- 1 варен морков; се сече на парчиња 1/2 инчи
- 1 чаша рендана зелка
- 2 компири варени и излупени
- 1 Кромид исечен на прстени или ленти
- 3 грав варени и преполовени; (3 до 4)
- 1 чаша варен ориз
- 1 чаша варени тестенини или шпагети
- 1 лажичка црвено чили во прав
- 1 лажичка кечап од домати
- ½ лажичка соја сос
- 1 лажичка пченкарно брашно
- 1 лажица сушени трошки од леб; во ред
- 1 лажица путер
- Сол по вкус
- 1 лажица Масло
- ѓумбир и лук

a) Добро изгмечете го едниот компир, а другиот исечете ги прстите.
b) Измешајте ориз, пире од компири, пченкарно брашно, чили во прав, соја сос, кечап, сол.
c) Исечете го капачето и од доматот и од пиперката. Изгребете го доматот одвнатре за да формирате шупливи.
d) Ставете пиперка во зовриена вода додека да олабави. Исцедете го и исушете го.
e) Наполнете ги и доматите и пиперките со фил од ориз. Намачкајте со малку путер. Чувајте ги настрана
f) Од преостанатата смеса оформете колаче и плитко пропржете со масло. Чувајте ги настрана.

**ДА СОСТАВЕТЕ СИЗЛЕР:**

g) Загрејте ја тавата, ставете половина путер во центарот, додадете го целиот зеленчук, сол и промешајте.

h) Турнете го на страните, ставете го преостанатиот путер во центарот. Додадете тестенини, посипете сол и бибер, фрлете.

i) Турнете на страните во внатрешноста на зеленчукот. Во центарот ставете ги пиперките, доматите и пиперките.

j) Внимателно свртете за да се крчкаат насекаде.

k) Префрлете ја тавата во нејзиниот дрвен сад.

l) Направете го плехот многу жежок пред сервирање и многу лесно посипете го со малку бел оцет, за да пркне.

m) Послужете го цевководот топло со сос, кифлички од лук итн.

## 74. Кинески пипер за зеленчук

**СОСТОЈКИ:**
- по потреба Исто како што е дадено во полнети домати и пиперка
- по потреба Исто како што е дадено во тестенините и тестенините
- по барање Масло и путер
- по потреба помфрит

**ИНСТРУКЦИИ:**

a) Ставете една голема чинија ставете листови зелка, ставете фил од домати и пиперка, па ставете кинеска нудла од зеленчук и тестенини

b) Додадете тестенини и тестенини на чинија, додадете помфрит и ставете го на топлина со ставање масло или путер и позлата послужете го топло со мајонез и кечап.

## 75. Пери пери Панеер сизлер

## СОСТОЈКИ:
- 1 шолја панеар
- 1 пиперка грубо сечкана
- 1 кромид грубо сецкан
- 1 шолја помфрит
- 1 лажица сос за скара
- 1 лажица сос од домати
- 1 лажица пери пери сос
- 1 чаша варен ориз
- 1 морков сецкан
- 1 лажица варена слатка пченка

## ИНСТРУКЦИИ:
a) Маринирајте го панерот со додавање на целиот сос и зачини, измешајте го правилно и оставете го настрана половина час. Откако ќе се маринира, се пече на тава додека не порумени

b) Земете тава, масло и пржете го целиот зеленчук, додајте сос и зачини, посолете и измешајте го правилно, не преварете, само пржете некое време и извадете го. Во истото тавче се додава масло, се додава кромидот и се пржи некое време, се додава пиперката и се пржи некое време, се додава целиот сос од масала и се меша правилно.

c) Склопете го во чинија за сервирање, наредувајќи го тавчето во центарот, од едната страна пржениот ориз и пржениот зеленчук и помфритот од едната страна, за пржење, загрејте го големото тавче на силен оган, продолжете да го послужувате садот со цицлер на ако. И путер и вода на страна Уживајте во вашиот гајтан.

## 76. Мумбаи Сизлер

**СОСТОЈКИ:**

- Зеленчук за варење
- 1 чаша зелен грашок
- 1 голем морков
- Половина чаша француски грав
- 7-8 цветови карфиол
- 1 чаша зелка
- 1 компир
- 3 големи кромидчиња ситно сецкани
- 3 големи домати паста
- 1 лажичка паста од лук
- 1 лажичка паста од ѓумбир
- 1 пиперка ситно сечкана
- 1 лажичка Црвена паста од чили
- 1 кафена лажичка Jeera
- 3-4 супени лажици пав Баџи масала
- 3 лажици путер
- 1 лажица масло
- Како што се бара Пав
- по потреба Листовите од коријандер за украсување
- по потреба Листови зелка за чинија за цицање
- 2-3 коцки ладни коцки путер

**ИНСТРУКЦИИ:**

a) Во шпорет под притисок сварете го зелениот грашок, морковот, зелката, карфиолот целиот зеленчук. Чувајте го настрана, не фрлајте ја водата.

b) Во сад со тешко дно додадете масло и две лажици путер. Додадете jeera. Кога ќе пукне, додадете го кромидот и пржете додека не стане проѕирен.

c) Сега додадете пиперка и пржете 2 минути. Сега додадете пав Баџи масала и пржете 2 минути. Сега додајте сварен зеленчук и добро изгмечете го со пасир. Добро измешајте и пржете околу 4 до 5 минути.

d) Сега додадете доматно пире и оставете го да се готви додека не исцеди масло. Време е да додадете вода што останала по свареиот зеленчук. Доколку е потребно, можете да додадете повеќе вода.

e) Покријте и варете го некое време. За некое време ќе видите дека маслото истекува.

f) Сега земете го павчето и пресечете го на половини. нанесете путер на тава и посипете малку пав Бхаџи масала и втријте го со пав.

g) Пав и Бхаџи се подготвени сега. Сега чувајте ја чинијата на гас. Кога чинијата е жешка, поставете ги листовите зелка над неа и ставете го Баџи на едната страна и пав од друга, заедно со сецкан кромид и парчиња лимон. На страните на sizzler ставете коцки путер и послужете веднаш на вашите најблиски.

## 77. Модар патлиџан и тофу во сос од лук

**СОСТОЈКИ:**
- 6 чаши вода плус 1 лажица, поделени
- 1 лажица кошер сол
- 3 долги кинески модри патлиџани (околу ¾ фунта), исечени и исечени дијагонално на парчиња од 1 инчи
- 1 ½ лажица пченкарен скроб, поделен
- 1 лажица лесен соја сос
- 2 лажички шеќер
- ½ лажичка темен соја сос
- 3 лажици растително масло, поделени
- 3 чешниња лук, сецкани
- 1 лажичка излупен мелен свеж ѓумбир
- ½ фунта цврст тофу, исечен на коцки од ½ инчи

**ИНСТРУКЦИИ:**

a) Во голем сад измешајте 6 чаши вода и сол. Промешајте кратко да се раствори солта и додадете ги парчињата модар патлиџан. Ставете голем капак на тенџере на врвот за да го задржите модар патлиџан потопен во вода и оставете го да отстои 15 минути. Исцедете го модар патлиџан и исушете го со хартиени крпи. Фрлете го модар патлиџан во сад со прашина од пченкарен скроб, околу 1 лажица.

b) Во мал сад, измешајте ја преостанатата ½ лажица пченкарен скроб со преостанатата 1 лажица вода, лесна соја, шеќер и темна соја. Стави на страна.

c) Загрејте вок на средно-висока топлина додека капка вода не пржи и испари при контакт. Истурете 2 лажици масло и извртувајте за да се премачка основата на вокот и нагоре од нејзините страни. Наредете го модар патлиџан во еден слој во вок.

d) Модар патлиџан пржете го од секоја страна, околу 4 минути од секоја страна. Модар патлиџан треба да биде малку јагленисано и златно кафеав. Намалете ја топлината на средно ако вокот почне да пуши. Префрлете го модар патлиџан во сад и вратете го вокот на оган.

e) Додадете ја преостанатата 1 лажица масло и промешајте ги лукот и ѓумбирот додека не станат миризливи и крчкаат, околу 10 секунди. Додадете го тофуто и пржете уште 2 минути, а потоа вратете го модар патлиџан во вок. Повторно измешајте го сосот и истурете во вок, измешајте ги сите состојки додека сосот не се згусне до темна, сјајна конзистентност.

f) Префрлете ги модриот патлиџан и тофуто во чинија и послужете ги топли.

## 78. Индиски Сизлер од зеленчук

**СОСТОЈКИ:**
- По потреба Зеленчук како зелка, пиперка, морков, грав
- 2 лажици пченкарно брашно и повеќенаменско брашно за врзување на топчињата
- 2 лажици црвен чили сос
- 2 лажички соја сос
- 2 лажички паста од зелен чили и паста од лук од ѓумбир секоја
- по вкус Сол
- по потреба Масло за пржење
- 2 шољи варен ориз
- 1-2 компири за клинови од компири
- 100 гр Панеер
- 1 мал кромид
- 1 мала пиперка
- 1 лажиче црн пипер во прав
- 1 лажиче суво манго во прав
- 1 лажичка гарам масала
- 2 лажички кашеста маса од пченкарно брашно
- 2 лажици путер од лук
- 2 лажици паста од лук од ѓумбир

**ИНСТРУКЦИИ:**

a) Најпрво исецкајте го зеленчукот и направете топчиња за Манџуриец додајте зелено чили и паста лук од ѓумбир, сол, црвен чили сос и брашно убаво измешајте ги и виткајте ги во мали топчиња.

b) Потопете ги или плитко испржете ги. Компирите исечкајте ги и исечкајте ги и плитко испржете ги

c) Пропржете го оризот со тоа што ќе додадете путер од лук во тоа малку масло и додадете ја пастата со лук од ѓумбир, пржете ја за секунда, потоа додадете зеленчук и црвениот чили сос, исто така сол по вкус.

d) Чувајте го оризот на страна

e) Сега земете Paneer, Capsicum и кромид Маринирајте ги со попрскување бибер во прав, суво манго во прав и гарам масала и сол. Искривете ги во ражен и печете ги или на скара.

f) Подгответе го сосот, за тоа загреано масло во тава додадете масло, потоа додадете малку вода, сол, соја сос, црвен чили сос и на крај сварете ги во густиот сос од кашеста маса од пченкарно брашно.

g) Сега е време за ансамблирање на Sizzler. Земете рингла или добро загрејте ги, ставете неколку листови зелка и малку сечкана зелка, а потоа ставете ги сите работи и дополнете ги со соја чили сос и уживајте во Sizzler.

## 79. Зачинет тофу и домати

Изработка: 4 чаши (948 ML)

**СОСТОЈКИ:**
- 2 лажици масло
- 1 преполна лажица семки од ким
- 1 лажичка куркума во прав
- 1 средна црвена или жолта главица кромид, излупена и мелена
- 1 (2 инчи [5-см]) парче корен од ѓумбир, излупен и рендан или мелен
- 6 чешниња лук, излупени и изрендани или мелени
- 2 средни домати, излупени (по желба) и сецкани
- 2–4 зелени тајландски, серано или кајен чили, сецкани
- 1 лажица доматна паста
- 1 лажица гарам масала
- 1 лажица сушени листови од тилчец, лесно здробени со рака за да се ослободи нивниот вкус
- 1 чаша (237 мл) вода
- 2 лажички крупна морска сол
- 1 лажичка црвен чиле во прав или кајен
- 2 средни зелени пиперки, исечени и исечени на коцки (2 чаши)
- 2 (14-унци [397-g]) пакувања екстра-цврсти органски тофу, печени и исечени на коцки

**ИНСТРУКЦИИ:**

a) Во голема, тешка тава, загрејте го маслото на средно-висок оган.

b) Додадете ги кимот и куркумата. Гответе додека семето да пркне, околу 30 секунди.

c) Додадете го кромидот, коренот од ѓумбир и лукот. Гответе 2 до 3 минути, додека не порумени, повремено мешајќи.

d) Додадете ги доматите, чилето, доматната паста, гарам масала, тилчец, водата, солта и црвениот чиле во прав. Намалете го огнот малку и динстајте непокриено 8 минути.

e) Додадете ги пиперките и варете уште 2 минути. Додадете го тофуто и нежно измешајте. Гответе уште 2 минути, додека не се загрее. Послужете со кафеав или бел басмати ориз, роти или наан.

## 80. Хаш од компири од ким

Изработка: 4 чаши (948 ML)

**СОСТОЈКИ:**
- 1 лажица масло
- 1 лажица семки од ким
- ½ лажичка афетида
- ½ лажичка куркума во прав
- ½ лажичка манго во прав (амчур)
- 1 мал жолт или црвен кромид, излупен и исечкан на коцки
- 1-парче корен од ѓумбир, излупен и изрендан или мелен
- 3 големи варени компири (било кој вид), излупени и исечени на коцки (4 чаши [600 g])
- 1 лажичка крупна морска сол
- 1-2 зелени тајландски, серано или кајен чили, извадени стебла, тенко исечени
- ¼ чаша (4 g) мелен свеж цилинтро, мелен сок од ½ лимон

**ИНСТРУКЦИИ:**

a) Во длабока, тешка тава, загрејте го маслото на средно-висок оган.

b) Додадете ги кимот, асафетидата, куркумата и прашокот од манго. Гответе додека семето да пркне, околу 30 секунди.

c) Додадете го кромидот и коренот од ѓумбир. Гответе уште една минута, мешајќи за да не се залепи.

d) Додадете ги компирите и солта. Добро измешајте и варете додека не се загреат компирите.

e) Врвот со чили, цилинтро и сок од лимон. Послужете како додаток со роти или наан или валани во безан пура или доса. Ова е одлично како полнење за сендвич со зеленчук, па дури и служи во чаша со зелена салата.

## 81. Хаш од компири од семе од синап

Изработка: 4 чаши (948 ML)

**СОСТОЈКИ:**
- 1 лажица поделен грам (чана дал)
- 1 лажица масло
- 1 лажичка куркума во прав
- 1 лажичка семки од црн синап
- 10 листови кари, грубо сецкани
- 1 мал жолт или црвен кромид, излупен и исечкан на коцки
- 3 големи варени компири (било кој вид), излупени и исечени на коцки (4 чаши [600 g])
- 1 лажичка крупна бела сол
- 1-2 зелени тајландски, серано или кајен чили, извадени стебла, исечени на тенко

**ИНСТРУКЦИИ:**
a) Потопете го поделениот грам во зовриена вода додека ги подготвувате останатите состојки.
b) Во длабока, тешка тава, загрејте го маслото на средно-висок оган.
c) Додадете ги куркумата, сенфот, листовите кари и исцедениот поделен грам. Внимавајте, семките имаат тенденција да пукаат, а натопената лека може да прска масло, па можеби ќе ви треба капак. Гответе 30 секунди, мешајќи за да не се залепи.
d) Додадете го кромидот. Гответе додека малку не порумени, околу 2 минути.
e) Додадете ги компирите, солта и чилиот. Гответе уште 2 минути. Послужете како додаток со роти или наан или валани во безан пура или доса. Ова е одлично како полнење за сендвич со зеленчук, па дури и служи во чаша со зелена салата.

## 82. Зелка во пенџаби стил

Изработува: 7 чаши

**СОСТОЈКИ:**
- 3 супени лажици (45 мл) масло
- 1 лажица семки од ким
- 1 лажичка куркума во прав
- ½ жолт или црвен кромид, излупен и исечен на коцки
- 1-парче корен од ѓумбир, излупен и изрендан или мелен
- 6 чешниња лук, излупени и мелени
- 1 среден компир, излупен и исечкан на коцки
- 1 бела зелка со средна главица, извадени надворешни листови и ситно сецкани (околу 8 чаши [560 g])
- 1 чаша (145 g) грашок, свеж или замрзнат
- 1 зелено тајландско, серано или кајенско чиле, извадено стебло, исечкано
- 1 лажичка мелен коријандер
- 1 лажичка мелен ким
- 1 лажичка мелен црн пипер
- ½ лажичка црвен чиле во прав или кајен
- 1 ½ лажичка морска сол

**ИНСТРУКЦИИ:**
a) Ставете ги сите состојки во бавниот шпорет и нежно измешајте.
b) Гответе на тивко 4 часа. Послужете со бел или кафеав басмати ориз, роти или наан. Ова е одличен филер за пита со малку капки раита од соја јогурт.

## 83. [Зелка со семе од синап и кокос](#)

Изработува: 6 чаши

**СОСТОЈКИ:**
- 2 лажици црна леќа цела, излупена
- 2 лажици кокосово масло
- ½ лажичка афетида
- 1 лажичка семки од црн синап
- 10-12 листови кари, крупно сецкани
- 2 лажици незасладен рендан кокос
- 1 бела зелка со средна глава, сечкана (8 чаши [560 g])
- 1 лажичка крупна морска сол
- 1-2 тајландски, серано или кајен чили, извадени стебла, исечени по должина

**ИНСТРУКЦИИ:**

a) Потопете ја леќата во зовриена вода за да омекне додека ги подготвувате останатите состојки.

b) Во длабока, тешка тава, загрејте го маслото на средно-висок оган.

c) Додадете ги асафетидата, сенфот, исцедената леќа, листовите кари и кокосот. Загрејте додека не никнат семките, околу 30 секунди. Внимавајте да не изгорите листовите кари или кокосот. Семето може да никне, затоа држете го капакот при рака.

d) Додадете ја зелката и солта. Гответе, редовно мешајќи, 2 минути додека зелката само да овене.

e) Додадете ги чилите. Послужете веднаш како топла салата, ладна или со роти или наан.

## 84. Гравчиња со компири

Изработува: 5 чаши

**СОСТОЈКИ:**
- 1 лажица масло
- 1 лажичка семки од ким
- ½ лажичка куркума во прав
- 1 среден црвен или жолт кромид, излупен и исечкан на коцки
- 1-парче корен од ѓумбир, излупен и изрендан или мелен
- 3 чешниња лук, излупени и изрендани или мелени
- 1 среден компир, излупен и исечкан на коцки
- ¼ чаша (59 ml) вода
- 4 чаши (680 g) сечкани гравчиња (долга 13 мм)
- 1–2 тајландски, серано или кајен чили, сецкани
- 1 лажичка крупна морска сол
- 1 лажичка црвен чиле во прав или кајен

**ИНСТРУКЦИИ:**
a) Во тешка, длабока тава, загрејте го маслото на средно-висок оган.

b) Додадете ги кимот и куркумата и варете додека семето да пркне, околу 30 секунди.

c) Додадете го кромидот, коренот од ѓумбир и лукот. Гответе додека малку зарумени, околу 2 минути.

d) Додадете го компирот и варете уште 2 минути со постојано мешање. Додадете ја водата за да спречите лепење.

e) Додадете го гравчето. Гответе 2 минути, повремено мешајќи.

f) Додадете ги чилите, солта и црвениот чили во прав.

g) Намалете ја топлината на средно-ниска и делумно покријте ја тавата. Гответе 15 минути, додека гравот и компирот не омекнат. Исклучете ја топлината и оставете ја тавата да отстои, покриена, на истиот режач уште 5 до 10 минути.

h) Послужете со бел или кафеав басмати ориз, роти или наан.

## 85. Модар патлиџан со компири

Создава: 6 чаши (1,42 L)

**СОСТОЈКИ:**
- 2 лажици масло
- ½ лажичка асафетида
- 1 лажичка семки од ким
- ½ лажичка куркума во прав
- 1 (2-инчен [5-см]) парче корен од ѓумбир, излупен и исечен на кибритчиња долги 13 мм
- 4 чешниња лук, излупени и грубо исечкани
- 1 среден компир, излупен и грубо исечкан
- 1 поголем кромид, излупен и грубо исечкан
- 1–3 тајландски, серано или кајен чили, сецкани
- 1 голем домат, грубо сецкан
- 4 средни модри патлиџани со кора, грубо сечкани, вклучени дрвенести краеви (8 чаши [656 g])
- 2 лажички крупна морска сол
- 1 лажица гарам масала
- 1 лажица мелен коријандер
- 1 лажичка црвен чиле во прав или кајен
- 2 лажици сецкан свеж цилинтро, за гарнир

**ИНСТРУКЦИИ:**

a) Во длабока, тешка тава, загрејте го маслото на средно-висок оган.

b) Додадете ги асафетидата, кимот и куркумата. Гответе додека семето да пркне, околу 30 секунди.

c) Додадете го коренот од ѓумбир и лукот. Гответе со постојано мешање 1 минута.

d) Додадете го компирот. Гответе 2 минути.

e) Додадете го кромидот и чилито и варете уште 2 минути, додека малку не поруменат.

f) Додадете го доматот и варете 2 минути. Во овој момент, ќе создадете основа за вашето јадење.

g) Додадете го модар патлиџан. (Важно е да ги задржите дрвените краеви за вие и вашите гости подоцна да го изџвакате вкусниот, месен центар.)

h) Додадете ја солта, гарам масала, коријандерот и црвениот чиле во прав. Гответе 2 минути.

i) Намалете ја топлината на минимум, делумно покријте ја тавата и варете уште 10 минути.

j) Исклучете ја топлината, целосно покријте ја тавата и оставете ја да отстои 5 минути за сите вкусови да имаат шанса навистина да се спојат. Украсете со цилинтро и послужете со роти или наан.

## 86. Масала бриселско зеље

Изработка: 4 чаши (948 ML)

**СОСТОЈКИ:**
- 1 лажица масло
- 1 лажичка семки од ким
- 2 чаши (474 мл) Гила Масала
- 1 чаша (237 мл) вода
- 4 супени лажици (60 мл) крем од кашу
- 4 чаши (352 g) бриселско зелје, исечени и преполовени
- 1–3 тајландски, серано или кајен чили, сецкани
- 2 лажички крупна морска сол
- 1 лажичка гарам масала
- 1 лажичка мелен коријандер
- 1 лажичка црвен чиле во прав или кајен
- 2 лажици сецкан свеж цилинтро, за гарнир

**ИНСТРУКЦИИ:**
a) Во длабока, тешка тава, загрејте го маслото на средно-висок оган.

b) Додадете го кимот и варете додека семето да пркне, околу 30 секунди.

c) Додадете ја густината за супа од домати од Северна Индија, вода, крем од кашу, бриселско зелје, чили, сол, гарам масала, коријандер и црвено чили во прав.

d) Оставете да зоврие. Намалете го огнот и динстајте непокриено 10 до 12 минути, додека не омекне бриселското зелје.

e) Украсете со цилинтро и послужете со кафеав или бел басмати ориз или со роти или наан.

## 87. Цвекло со семе од синап и кокос

Направи: 3 чаши (711 ML)

**СОСТОЈКИ:**
f) 1 лажица масло
g) 1 лажичка семки од црн синап
h) 1 средно жолт или црвен кромид, излупен и исечен на коцки
i) 2 лажички мелен ким
j) 2 лажички мелен коријандер
k) 1 лажичка јужноиндиска масала
l) 1 лажица незасладен, рендан кокос
m) 5-6 мали цвекло, излупени и исечени на коцки (3 чаши [408 g])
n) 1 лажичка крупна морска сол
o) 1½ [356 ml] шолји вода

**ИНСТРУКЦИИ:**
a) Во тешка тава, загрејте го маслото на средно-висок оган.
b) Додадете ги семето од синап и варете додека не пркне, околу 30 секунди.
c) Додадете го кромидот и варете додека малку зарумени, околу 1 минута.
d) Додадете ги кимот, коријандерот, јужноиндиската масала и кокосот. Гответе 1 минута.
e) Додадете го цвеклото и варете 1 минута.
f) Додадете ја солта и водата. Оставете да зоврие, намалете го огнот, покријте и варете 15 минути.
g) Исклучете ја топлината и оставете ја тавата да отстои, покриена, 5 минути за садот да ги апсорбира сите вкусови. Послужете преку кафеав или бел басмати ориз или со роти или наан.

## 88. Зачинет спанаќ со „Панеер"

Создава: 10 чаши (2,37 L)
**СОСТОЈКИ:**
- 2 лажици масло
- 1 лажица семки од ким
- 1 лажичка куркума во прав
- 1 голем жолт или црвен кромид, излупен и исечкан на коцки
- 1 (2 инчи [5-см]) парче корен од ѓумбир, излупен и рендан или мелен
- 6 чешниња лук, излупени и изрендани или мелени
- 2 големи домати, сецкани
- 1–2 тајландски, серано или кајен чили, сецкани
- 2 лажици доматна паста
- 1 чаша (237 мл) вода
- 1 лажица мелен коријандер
- 1 лажица гарам масала
- 2 лажички крупна морска сол
- 12 чаши (360 g) густо спакуван сецкан свеж спанаќ
- 1 (14 унца [397-гр]) пакување екстра цврсто, органско тофу, печено и исечено на коцки

**ИНСТРУКЦИИ:**

a) Во широка, тешка тава, загрејте го маслото на средно-висок оган.

b) Додадете ги кимот и куркумата и варете додека семето да пркне, околу 30 секунди.

c) Додадете го кромидот и варете додека не порумени, околу 3 минути, нежно мешајќи за да не се залепи.

d) Додадете го коренот од ѓумбир и лукот. Гответе 2 минути.

e) Додадете ги доматите, чилето, доматната паста, водата, коријандерот, гарам масала и солта. Намалете ја топлината и динстајте 5 минути.

f) Додадете го спанакот. Можеби ќе треба да го направите ова во серии, додавајќи повеќе како што овенува. Ќе изгледа како да имате премногу спанак, но не треба да се грижите. Сето тоа ќе се свари. Верувај ми!

g) Гответе 7 минути додека спанакот не овене и свари. Изблендирајте со блендер за потопување или во традиционален блендер.

h) Додадете го тофуто и варете уште 2 до 3 минути. Послужете со роти или наан.

## 89. Компири од тилчец-спанаќ

Направи: 3 чаши (711 ML)

**СОСТОЈКИ:**
- 2 лажици масло
- 1 лажичка семки од ким
- 1 пакување од 12 унци замрзнат спанаќ
- 1 ½ чаши сушени листови од тилчец
- 1 голем компир, излупен и исечкан на коцки
- 1 лажичка крупна морска сол
- ½ лажичка куркума во прав
- ¼ лажичка црвен чиле во прав или кајен
- ¼ чаша (59 ml) вода

**ИНСТРУКЦИИ:**
a) Во тешка тава, загрејте го маслото на средно-висок оган.
b) Додадете го кимот и варете додека семето да пркне, околу 30 секунди.
c) Додадете го спанаќот и намалете ја топлината на средно-ниско. Покријте ја тавата и варете 5 минути.
d) Додадете ги листовите тилчец, нежно измешајте, ставете го капакот и варете уште 5 минути.
e) Додадете го компирот, солта, куркумата, црвениот чиле во прав и водата. Нежно измешајте.
f) Вратете го капакот и варете 10 минути.
g) Тргнете ја тавата од оган и оставете ја да отстои со затворен капак уште 5 минути. Послужете со роти или наан.

## 90. Крцкави бамии

Изработка: 4 чаши (948 ML)

**СОСТОЈКИ:**
- 2 лажици масло
- 1 лажичка семки од ким
- 1 лажичка куркума во прав
- 1 голем жолт или црвен кромид, излупен и многу грубо исечкан
- 1-парче корен од ѓумбир, излупен и изрендан или мелен
- 3 чешниња лук, излупени и исечкани, мелени или изрендани
- 2 килограми бамја, измиена, исушена, исечена и исечена
- 1–2 тајландски, серано или кајен чили, сецкани
- ½ лажичка манго во прав
- 1 лажичка црвен чиле во прав или кајен
- 1 лажичка гарам масала
- 2 лажички крупна морска сол

**ИНСТРУКЦИИ:**

a) Во длабока, тешка тава, загрејте го маслото на средно-висок оган. Додадете ги кимот и куркумата. Гответе додека семките не почнат да крчкаат, околу 30 секунди.

b) Додадете го кромидот и варете додека не порумени, 2 до 3 минути. Ова е клучен чекор за мојата бамја. Големите, крупни парчиња кромид треба да се зарумената и малку да се карамелизираат. Ова ќе биде вкусна основа за последното јадење.

c) Додадете го коренот од ѓумбир и лукот. Гответе 1 минута, повремено мешајќи.

d) Додадете ги бамите и варете 2 минути, само додека бамјата не добие светло зелена боја.

e) Додадете чили, манго во прав, црвено чиле во прав, гарам масала и сол. Гответе 2 минути, повремено мешајќи.

f) Намалете ја топлината на минимум и делумно покријте ја тавата. Гответе 7 минути, повремено мешајќи.

g) Исклучете го огнот и наместете го капакот така што целосно да го покрие тенџерето. Оставете го да отстои 3 до 5 минути за да се впијат сите вкусови.

h) Украсете со цилинтро и послужете со кафеав или бел басмати ориз, роти или наан.

## 91. Колбас на скара со зачинет сенф

Прави: 1 порција

**СОСТОЈКИ:**

- Благ италијански колбас --
- На скара
- Зачинета сенф
- Раженчиња

**ИНСТРУКЦИИ:**

а) Скара или скара благ италијански колбас; се сече на парчиња и се сервира на ражен, придружена со омилениот зачинет сенф.

## 92. Колбас на скара и Портобело

Прави: 6 порции

## СОСТОЈКИ:

- 2 килограми домати; преполовен
- 1 голема печурка Портобело
- 1 лажица растително масло
- 1 лажичка Сол; поделени
- 1 фунта Слатки италијански колбаси
- 2 лажици Маслиново масло
- 1 лажичка мелено лукче
- ¼ лажичка мајчина душица
- ¼ лажичка Свежо мелен пипер
- 1 фунта Ригатони

**ИНСТРУКЦИИ:**

a) Загрејте скара

b) Измачкајте ги доматите и печурките со растително масло и зачинете со ½ лажичка сол. Печете на скара на умерено топло загревање додека не омекне, 5 до 10 минути за доматите и 8 до 12 минути за печурките, ротирајќи еднаш. Скара колбаси 15 до 20 минути, ротирање еднаш.

c) Исечете ги доматите на коцки; сегмент колбаси и печурки; Префрлете се на големо јадење. Измешајте маслиново масло, лук, преостанатата ½ лажичка сол, мајчина душица и бибер.

d) измешајте со топли ригатони.

## 93. Праз на скара со шампањ

Прави: 4 порции

## СОСТОЈКИ:

- 6 протекување со умерена големина
- 2 лажици Маслиново масло
- 1 чаша свежа мајчина душица; грубо исечени на коцки
- 2 шолји шампањ
- 1 шолја супа од пилешко
- 1 чаша распарчено фета сирење
- Сол и црн пипер; по вкус

## ИНСТРУКЦИИ:

a) Намалете ги горните и долните делови на празот, оставајќи околу 2 до 3 инчи зелена над белиот дел од празот. Од средината на исечениот праз направете неколку подолжни отсечки кон зеленилото на празот. Исплакнете го празот темелно.

b) Во голема тава, загрејте маслиново масло на умерен оган. Кога маслото ќе се загрее, додадете мајчина душица и мешајте 1 минута. Додадете праз и пржете 3 минути, додека не поруменат од неколку страни. Додадете шампањ и густин и динстајте го празот додека не омекне, околу 8 минути. Извадете го празот од тавата и оставете го на страна.

c) Продолжете да го крчкате сосот останувајќи во тавата додека не се намали за половина. Во меѓувреме, печете го празот на скара на умерен оган на јаглен 8 до 10 минути, ротирајќи неколку пати. Извадете го празот од скарата и пресечете го на половина по должина.

d) Послужете веднаш, додавајќи малку фета и малку намален сос во секоја порција

## 94. Шитаки на скара на јаглен

Прави: 4 порции

**СОСТОЈКИ:**

- 8 унци шиитаки
- 1 лажица Маслиново масло
- 1 лажица Тамари
- 1 лажица Лук, издробен
- 1 лажичка рузмарин, мелено
- Сол и црн пипер
- 1 лажичка Јаворов сируп
- 1 лажичка масло од сусам
- Едамаме

**ИНСТРУКЦИИ:**

a) Исплакнете ги печурките. Извадете ги и фрлете ги стеблата. Измешајте ги печурките со останатите состојки и маринирајте 5 минути. Печете ги капачињата на јаглен додека не се запржат малку.

b) Украсете со едамам.

## 95. Конфети зеленчук на скара

Прави: 4 порции

## СОСТОЈКИ:

- 8 домати од цреша; - преполовен, до 10
- 1½ чаша пченка исечена од кочан
- 1 слатка црвена пиперка; жулиен
- ½ умерена зелена пиперка; жулиен
- 1 мал кромид; Сегментирани
- 1 лажица свежи листови од босилек; на коцки
- ¼ лажичка рендана кора од лимон
- Сол и црн пипер; по вкус
- 1 лажица + 1 лажичка несолен путер

## ИНСТРУКЦИИ:

a) Измешајте ги сите состојки освен путерот во големо јадење; нежно измешајте добро да се измеша. Смесата од зеленчук поделете ја на половина. Ставете ја секоја половина во средината на парче алуминиумска фолија од 12 x 12 инчи. Зеленчук со точки со путер

b) Соедините ги аглите на фолијата за да формирате пирамида; пресврт за да се запечати.

c) Пакетите со фолија печете ги на скара на умерено загреан јаглен 15 до 20 минути или до омекнување на зеленчукот. Послужете веднаш.

# ДЕСЕРТ

## 96. Sizzler Fudge Brownie со чоколаден сос

**СОСТОЈКИ:**
- 1 шолја незасладено какао во прав
- 1 шолја универзално брашно
- 1 1/2 чаша гранулиран шеќер
- 1 лажичка сол
- 2 лажици ванила во прав/суштина
- 1 чаша стопен путер
- 4 јајца
- 250 грама темно чоколадо
- 2 лажици масло без вкус

**ИНСТРУКЦИИ:**

a) Овие пусти се нежни и меки со збрчкан врв. Тие се совршени пусти за уживање, лесни за правење и толку вкусни. Сè што треба да направите е да го следите рецептот чекор по чекор и и вие ќе завршите во совршени брауни. Во овој рецепт секогаш користете темно чоколадо со добар квалитет. Секогаш користете квалитетно незасладено какао во прав во секој потребен рецепт. Можете да користите кој било прав или есенција или екстракт од ванила.

b) состојките се едноставни. Прво исечкајте ги темните чоколади, јас користам дополнително темно чоколадо, затоа со 1 1/2 шолја шеќер ако користите темно чоколадо или полуслатки или слатки чоколади, потоа додадете го и шеќерот соодветно, јас ќе ги надополнам пусти со чоколаден прелив. Сето ова ќе го избалансира вкусот. Проверете ги чоколадите, а потоа додадете го шеќерот по потреба. Ако имате кафеав шеќер, тогаш користете половина и половина од кафеавиот и белиот шеќер.

c) Откако грубо ќе ги исецкате чоколадите, некои на големи парчиња, некои мали, некои прашкасти, оставете го настрана и земете голем сад во кој додадете ги стопениот путер и шеќерот. Потоа испукајте ги сите четири јајца во неа и изматете ги со електричен блендер. Можете да изматете и рачно, но во тој случај крајниот резултат нема да биде толку добар. Печете 5-6 минути на голема брзина. Дотогаш ќе биде воздушеста, бледа по боја и речиси двојно поголема и кремаста. Потоа додадете растително масло, измешајте го повторно.

d) Потоа во истиот сад просејте ги сите суви состојки. секогаш просејте го какаото во прав бидејќи има многу гратки во него. по просејување соедините ги и влажните и сувите состојки со упатства за сечење и превиткување. запомнете дека немавме додадено средство за нараснување, така што воздухот што го вградивме во нашите влажни состојки мора да остане за гаден пусти. Секогаш превиткувајте со шпатула со многу тенок раб така што воздухот ќе остане во тестото додека виткате. Не претерувајте со m7x инаку ќе биде тешко.

e) Откако целосно ќе се измеша додадете 3/4 од сечканите чоколади и повторно нежно измешајте. Во меѓувреме загрејте ја рерната на 180°C 15 минути.

f) Потоа земете калап за печење намачкајте го со масло и обложете го со путер или хартија за печење, па повторно изматете го со четка. Сега истурете го целото тесто во садот за печење. Потоа израмнете го со лажица или шпатула, а потоа нежно потчукнете го. Сега врз него додајте ги преостанатите сечкани чоколади и рамномерно распоредете го.

g) Сега чувајте ја во загреана рерна и печете ја на 180°C 50 минути или по вашата рерна. Можеби ќе ви требаат 5 минути повеќе или помалку во вашата рерна, па внимавајте на тоа. Откако ќе го направите, извадете го од рерна и ќе изгледа меко и блескаво во средината, но не го печете повторно, ќе биде совршен штом ќе се излади. Оставете го во садот за печење 10 минути па извадете го извлекувајќи ја матерната хартија и лесно излезе. Оставете го да се излади 15-20 минути, па исечете го во саканата форма и големина.

h) Можете да го послужите како што е или да го послужите со чоколаден прелив. За чоколаден прелив проверете го мојот претходно објавен рецепт на мојата сметка и ќе го добиете таму. Но, ние правиме циџлер брауни, па ќе ја чувам мојата чинија на силен оган и ќе ја направам топла. Потоа истурете го со чоколадниот прелив и слушнете ги оние звуци што ќе ви се допаднат. Потоа врз неа држете ги парчињата пусти и прелијте ги со сладолед од ванила. Тоа е целосно опционално, но има најдобар вкус кога се служи вака.

i) Потоа наросете уште малку чоколаден прелив врз него и послужете. Уживајте со вашето семејство и пријателите во овој ресторански стил на фрагменти.

## 97. Суџи и пудинг за скара со овошје

Прави 4 порции

## СОСТОЈКИ:
- 1 лажица вегански маргарин
- ¼ шолја несолени индиски ореви на скара
- ¼ чаша златно суво грозје
- 1 чаша суџи
- ½ шолја шеќер
- 1 1/2 чаши сок од ананас, манго или бело грозје
- ¼ шолја парчиња ананас
- ¼ лажичка мелен кардамон

## ИНСТРУКЦИИ:
a) Загрејте го маргаринот на умерена решетка на тивок оган.
b) Потпечете ги индиските ореви, суво грозје и суџи додека не се мирисаат, околу 5 минути, редовно мешајќи.
c) Продолжете да крчкате со постојано мешање откако ќе ги додадете шеќерот и сокот од ананас.
d) Гответе уште неколку минути додека не се формира густ пудинг, а потоа додадете ги парчињата ананас и кардамонот.
e) Поделете го пудингот рамномерно на четири мали чинии за десерт за сервирање.

## 98. Сплит банана на скара

Сочинува: 6

**СОСТОЈКИ:**

- 1/2 чаша путер, стопен
- 1/2 чаша спакуван светло-кафеав шеќер
- 6 цврсти банани, исечени по должина
- 1-квар сладолед од ванила
- 1 шолја топла епица, загреана

**ИНСТРУКЦИИ:**
a) Загрејте ја скарата на средно-висока топлина.
b) Соединете путер и кафеав шеќер во сад за печење 9" x 13" и добро измешајте.
c) Намачкајте ги бананите со смесата со путер за целосно да се премачкаат.
d) Гответе 4 до 6 минути, или додека рабовите не почнат да меуруваат, со рамна страна надолу на скарата; свртете со шпатула и варете уште 2 до 3 минути или додека не порумени.
e) Ставете по 2 варени сегменти од банана во секое од 6-те јадења, одозгора со сладолед и прелијте ги со врела епица.
f) Послужете веднаш.

## 99. Чоколадо брауни Сизлер

## СОСТОЈКИ:
### ЗА БРАУНИ
- 1/2 шеќерен шеќер
- 1/4 чаша кафеав шеќер
- 2 јајца
- 1/2 лажичка есенција од ванила / чоколадо
- 1/2 чаша 75 грама путер
- 3/4 чаша брашно
- 1/4 чаша какао во прав
- 2 лажици чоколадо за готвење парчиња
- 3 лажици млеко
- 1 лажичка натрупан прашок за пециво

### ЗА ЧОКОЛАДЕН СОС
- 2 лажици путер
- 2 лажици ореви/бадеми (по избор)
- 3 лажици шеќерен шеќер
- 3 лажици чоколадо за готвење/коко во прав
- 3 лажици пченкарен сируп
- 3 лажици свеж крем
- 8/8 квадратна тава за печење
- 2,3 топки сладолед од ванила

## ИНСТРУКЦИИ:
a) Брашното, прашокот за печиво и прашокот за пециво просејте ги заедно.

b) Сега земете сад додајте ги сите состојки, прифатете ги парчињата чоколада и млекото, а потоа изматете го 3 минути со средна брзина.

c) Сега проверете ја смесата со пусти дали е густа во крем, отколку додадете млеко, измешајте ја со шпатула.

d) Сега истурете ја смесата во 8/8 квадратна тава за брауни и премачкајте ја со шпатула.

e) Сега додадете парчиња чоколадо на врвот и измешајте го во насока на часовникот.

f) Загрејте ја рерната на 180 C 12 минути, а потоа истурете ја смесата за пусти во средната решетка и печете 27 до 30 минути.
g) Внимавајте на пусти отколку после 27 минути, проверете го браунито со ражен/чепкалка за заби дали раженот е без смеса, така што е готово, но ако има минути, печете уште 3 до 5 минути во рерна, ако е готов, извадете го пусти и оставете ги да се сварат 5 до 10 минути, а потоа превртете ја путер хартијата вака.
h) Сега пресечете го пусти и оставете го да се излади 20 минути во фрижидер.
i) Во меѓувреме треба да направиме сос за брауни, сега соберете ги состојките настрана.
j) Загрејте ја тавата, додадете ги сите состојки заедно и варете на тивок оган 2 минути и продолжете да мешате кога конзистентноста ќе стане вака густа.
k) Загрејте ја тавата, додадете ги сите состојки заедно, па варете 2 минути и продолжете да започнете со шпатула/лажичка ако е густа конзистентност отколку што ќе стане готова, исклучете го огнот.
l) Оставете го да се излади пусти и исечете го.
m) Загрејте ја крцкавата чинија/ кој било тркалезен калап за торта и премачкајте со малку масло/путер, потоа додадете половина чоколаден прелив, а потоа додадете брауни, а потоа додадете сладолед од ванила на горниот капак со врело чоколадо.
n) Имам тркалезна чинија што крчка отколку што можам да ги исечам парчињата пусти со средна до мала големина.
o) Вкусен жежок и кул ресторански стил на пусти е подготвен за послужување дома, уживајте во него.

## 100. Гајар Халва и Сунѓерот Сизлер

Сочинува: 4

## СОСТОЈКИ:
- Пандишпан со ванила 1 (дијаметар 6")
- Чоколаден пандишпан 1 (дијаметар 6")
- Сок од портокал 1/2 шолја
- Гајар алва 2 шолји
- Рабди 2 чаши
- Сребрен варк 2 листови
- Бадемите се исцедија со 12-15

## ИНСТРУКЦИИ:
Загрејте ја плочата за цицање на отворен оган. Хоризонтално преполовете ги пандишпанот. Ставете го калапот со прстен над една половина колачи од ванила и чоколадо и со остар нож исечете тркалезни кришки. Круглите намачкајте ги со сок од портокал

Ставете го чоколадниот сунѓер круг во калап за прстен на основата. Премачкајте го со дебел слој гаџар алва и измазнете ја површината. Ставете го сунѓерчето од ванила кружно над слојот гаџар алва и лесно притиснете.

Уште еднаш намачкајте дебел слој гаџарска алва. Измазнете го врвот. Доколку сакате, можете да го чувате овој сендвич во фрижидер некое време.

Свиткајте лист алуминиумска фолија. Ставете ја загреаната плоча за цицање над дрвената основа. Преклопената фолија ставете ја над чинијата. Сега ставете го сендвичот за торта над фолијата.

Нежно олабавете го сендвичот од калапот за прстен. Сендвичот прелијте го со малку рабди. Украсете со сребрена фолија. Посипете бадеми снегулки и послужете веднаш.

## ЗАКЛУЧОК

Насловот за најзадоволувачка, утешна, комплетна и најповолна храна може да им се даде на „сизлерите". Поради една едноставна причина, штом ќе го видите, сакате да го изедете сето тоа! Доволно е фер, има толку многу храна во една чинија што едноставно чувствувате дека не ви треба ништо друго во вашиот живот, но пробајте некој од овие 100 рецепти и никогаш нема да погледнете назад! Уживајте.